数学教育教学实践探索

新手教师专业成长修炼之路

陈永畅◎著

吉林大学 出版社
JILIN UNIVERSITY PRESS

图书在版编目（CIP）数据

数学教育教学实践探索：新手教师专业成长修炼之
路 / 陈永畅著. —长春：吉林大学出版社，2019.1
ISBN 978-7-5692-4153-2

Ⅰ. ①数… Ⅱ. ①陈… Ⅲ. ①数学课－教学研究－中
小学 Ⅳ. ①G633.602

中国版本图书馆CIP数据核字（2019）第007720号

书　　名　数学教育教学实践探索——新手教师专业成长修炼之路
　　　　　　SHUXUE JIAOYU JIAOXUE SHIJIAN TANSUO——XINSHOU JIAOSHI
　　　　　　ZHUANYE CHENGZHANG XIULIAN ZHI LU

作　　者　陈永畅　著
策划编辑　刘明明
责任编辑　高欣宇
责任校对　王　巍
装帧设计　中尚图
出版发行　吉林大学出版社
社　　址　长春市人民大街4059号
邮政编码　130021
发行电话　0431–89580028/29/21
网　　址　http://www.jlup.com.cn
电子邮箱　jdcbs@jlu.edu.cn
印　　刷　河北盛世彩捷印刷有限公司
开　　本　710mm×1000mm　1/16
印　　张　14.5
字　　数　220千字
版　　次　2019年2月　第1版
印　　次　2019年2月　第1次
书　　号　ISBN 978-7-5692-4153-2
定　　价　49.00元

听说陈永畅老师的新书《数学教育教学实践探索：新手教师专业成长修炼之路》即将出版，我非常高兴和期待。自2010年他成为我省名师工作室成员以来，近8年的时间里我见证了他一点点的蜕变，这与他从教10余年，乐于反思、勤于笔耕，具有独特的思维，对教育教学总能抱着批判的态度去审视问题有密切关联。

陈老师深谙要成为一名优秀的教师，"课堂"永远是绕不开的道，只有充分利用课堂这块教育教学的主阵地，通过"备"课读懂教学本质、"观"课汲取教学智慧、"说"课突出教学特色、"磨"课内化教学思想。陈老师还是一位细致与善于思考的教师，他总是能从"课"中获取教学的灵感，譬如他能在反思课本某些带有问号的习题的教材解读过程中，萌发出"'小题'也应'大做'——教材中的普通习题一点也不普通"和"不妨给自主课堂挖个'陷阱'——以'比较分数大小'教学为例"等创意设计；他还能从名师课堂的观摩中不断凝聚教学精华，也因此孕育出"发展空间观念不妨循序渐进——吴冬冬老师'长方体和正方体的认识'片段思考"和"追寻有'味'的数学课堂——特级教师刘松'乘法分配律'一课引发的思考"等教学思考；他还非常重视教师自身基本技能和教学技巧的提高，也因此绽放出"在'故事'中感知图形表征——'认识图形'说课稿"等名篇冲出第二学区、宝安区，在深圳市中获得了现场说课优秀成绩；他还特别关注利用一次次的磨课来提升自身素养，在"组合图形的面积"和"什么是面积"等课的磨砺过程中对"大问题"等前沿的理念都有了更深刻的认知。

此外，"研究"是成就一名教师最重要的媒介，我们可以看到陈老师不仅能通过研读学生、研讨课堂、研发工具、研究课题、研磨理论来完善自我的教育教学观念，还从中一步步地走向"专业"，诸如课题"基于绘本的小学低段数学教学内容创生研究"获得了深圳市重点资助立项，也获得了在各个教育平台分享自己的教育教学理念的很多机会，这都是受益于他热衷的"研究"。

从陈老师身上，我们看到了一名青年教师生长的过程，看到了他对于教学的热爱与执着，看到了他基于课堂和研究获得的智慧。因此当他提出要将自己的经历著书出版时，我是十分期待的。因为我期待这本书可以给予青年教师的成长提供一个良好的示范作用，更能助力我们青年教师的生长，让他们少走弯路，做好自己专业成长的规划，缩短自我的成长周期，为教育做出更多贡献。在此愿他这部书能让读者朋友受益，也期待陈老师取得更大的成绩！

王栋昌

广东省首批教师工作室主持人

特级教师、正高级教师

2018年7月写于深圳

姚黄魏紫向谁赊，郁李樱桃也没些。

却是南中春色别，满城都是木棉花。

又见人间四月天，正是老家春茶品醇的好时节。多年前曾在百年龙山书院的张感凉亭里观望师辈们手沏一壶初茗，端坐如钟对弈着一盘残棋，任春意萦绕着木棉树的腰肢扶摇直上踏落突兀入云的枝冠旁的橙色粉色，纷飞化作通幽曲径的满地落红。

一年的三四月，最爱木棉花的芬芳浸盈、托起书院诸多莘莘学子蓬勃朝气的样子。"最怜三月东风急，一路吹红上驿楼"。走路带风的学子们拾级而上，一簇两簇三簇的花絮浮华在冬装校服上，有的花瓣甚至还卷藏些许未央的春寒，不经意地装饰着青春少年的美好梦想。

时光荏苒，我已经从当年抱怀憧憬的晦涩少年一晃变成了执教12年的一名普通的青年教师。尽管我的杏坛之旅沐浴在各位大家的光辉下颇为顺畅，但年轻时仍然不可避免地走过弯路，也曾遇到教学瓶颈徘徊不前而浪费了不少宝贵时光。但即使周边荫绕绿缠，木棉树不也总能超脱环境向天生长，哪怕被岁月磨炼出浑身瘤刺，历经夏天萌叶、入秋萧瑟、冬季秃枝寒树，也定会有来春花盛漫天的生机。

师者曰：授人玫瑰，手有余香。于是我将这么多年来已经发表的和有待发表的一些文字整理出来，纯粹是自己对教学工作的挚爱以及点滴感想荟萃成册。虽然谈不上高屋建瓴，也不至于空中楼阁，期待与各位青年教师共勉，愿每个人在通往教学殿堂的道路上痛并快乐着，最终都能成长为最优秀的自己。

上 篇

借"课"锤炼技能，
教学风格形成

001

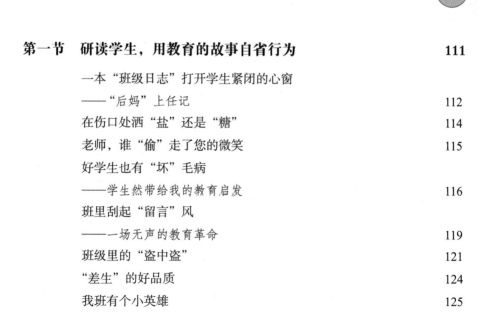

下　篇

借"研"夯实专业，
教育理论生长

109

第一节　研读学生，用教育的故事自省行为　　111

上 篇

借"课"锤炼技能，
教学风格形成

　　每每听吴正宪、华应龙、俞正强、黄爱华等大家们的课时，总是被他们流畅的设计、智慧的理答、独特的思考深深吸引，然而回头再细细品量，不难发现这些名师有一个共同的特征：人"课"合一，这也是师者的最高境界。当然他们的成功并不是轻轻松松、一蹴而就。黄爱华老师说过，他为完成一节课的设计曾写了几百页的笔记，同一节课在各种场合执教几十次依旧不断反思修改。这是对教育的坚持，更是对自己专业生长的追求。正因他们经过了无数次"课"的锤炼，才成为我们仰慕的专家。

　　青年教师的成长路径有许许多多，但"课"永远是绕不开的那一条"路"，只有通过课的不断打磨，才能理解教学的内涵，从而促使独特的教学风格得以形成。

　　因此青年的教师的成长要致力于备课——读懂教学的本质、观课——汲取教育的智慧、说课——凝练教学的特色、磨课——内化教学的思想。

第一节 读懂教学本质，在备课中思考

教材，不是孩子的世界；世界，却可以是孩子的教材。

课堂，不止有"标准答案"的苟且，更有"个性、浪漫、丰富"的远方。

——陈洪杰编辑

唯教材论已经不适合当前的教育，但是教材作为教师教学的基础文本，如果不读懂、读透，就更谈不上有好的教学。因此大到每个教学知识点、教学环节的呈现，小到每个题目、词语的突出，都要细细品味与推敲。用整体的观念审视教材，深入钻研教材，对教材的理解真正做到融会贯通、承上启下；利用教材的关键字、词和图等一切信息，分析知识间的内在联系和规律，才能设计出适合学生发展的"课"，才能使自己在专业上有真正意义上的成长。

课堂是师生平等交流、思维碰撞的场所，没有了争论和错误的课堂就如一池死水，不能激发学生的学习热情。一个好的课堂，教师应充分预设生成，并善于利用生成。教师如果不能走进教材、拓宽视野，课堂的品质很难提高。因此要挖掘教学的内涵与本质，做到"备"教材、"备"学生、"备"课堂，把备课落到实处，才能让自己的教育教学技能与思想得到飞速发展。

"小题"也应"大做"

——教材中的普通习题一点也不普通

课改十年有余，北师大版教材给教师们带来了不少困扰。这个版本的教材可谓两多一少：对话多、插图多、习题少，知识脉络呈现不明晰，目标、方法、过程隐蔽性都比较强。虽然教师留下了自由运用空间，但是要准确、有效地把握其要领实属不易，从而造成了教师使用教材较随意，差异也比较大。特别是在习题使用上，很多教师没有准确理解其意图：例题即习题，习题即例题。下面选取一例，以大家共习。

北师大版三年级上册第四单元练习五曾有这样一题：

算一算，比一比，你发现了什么？

$12 \times 6 \bigcirc 16 \times 2$ $\qquad$ $25 \times 4 \bigcirc 24 \times 5$

$14 \times 5 \bigcirc 15 \times 4$ $\qquad$ $16 \times 5 \bigcirc 15 \times 6$

可能很多教师都认为这就是一个普通的比较算式大小的题目，是整个单元里12个复习题中的一个，并没有值得注意的地方。我在课前的调研中也验证了这点，很多教师没有发现其特征，更不会在有限的课堂里"浪费"宝贵的时间。

那题目为什么要提出"你发现了什么"这句话呢？这个题目是否不仅仅是比较大小那么简单？假若我们不只关注题目的表意，用联系的眼光去审视时不难发现：这些算式左右两边两个数的和是相等的，而且两者的差越小，积就越大。这实际上是高中课程中的"定值"问题。

由于涉及高中问题，很多教师望而生畏：这些给学生们讲，他们能接受得了吗？能弄明白吗？所以还是不要讲了。但是换个角度看，如果能引导学生发现其中的规律，即便得到的是不完全准确的概括，学生也有所收获，并树立了自信。有时学生们的能力是不可低估的，于是我在教学中做了这样的尝试。

师：同学们，这个单元我们学习了两位数乘一位数，那这样的题目你们应该没有问题啦，下面我们先动手做一做。

学生们动手计算，都得出了答案。

师：真棒！我们再看看题目。"你发现了什么？"是不是说明可能还有我们没发现的秘密呢？

学生还有很多没有发现，于是我再次提问。

师：你们不要单独看一个算式，把几个算式联系起来，有什么发现吗？把你的发现跟你同伴说一说。

隔了一会儿才有学生吞吞吐吐地发言。

生1：老师，好像每个算式中左右两个算式加起来结果都是一样的。

师：第一个发现者让我们看到了曙光。确实是这样。你们仔细观察这四个算式，是不是左右两边的两个数的和都是相等的呢？（板书：和相等）

师：他发现了"加"的规律，你们还有其他发现吗？（这里可以启发学生从"差""积""商"去发现规律）

生2：我发现两个数中都是把个位的数对调了。

师：观察得真仔细。把个位的数对调后，你们再比较一下两个数的大小，和它们的乘积有什么关系吗？

生3：对调后，这两个数越接近，它们的乘积就越大。

师：是的，你们再仔细看看，这边两个数比较接近，所以我们乘出来的结果就比另一边的大了。现在能把你们发现的规律说一说吗？

生4：如果两个数加起来相等，那这两个数越接近，它们的乘积就越大。（板书：差越小积越大）

师：真了不起，你们发现了高中要掌握的规律。现在你们能利用刚才发现的规律，自己编几个这类比较大小的题目吗？

让学生在编题的过程中，巩固和消化自己的发现是必要的。这里我特别指出是高中的内容，让学生们都发现了自己的了不起，增加了自信，提高了学习热情，探究的兴趣也越加浓厚。

对于这样的"小题"，教师可能觉得没有"大做"的必要。但是学生在充分理清算理、掌握算法的基础上，能锦上添花，不是额外的收获吗？！学习就是要用联系的眼光去审视和发掘新的思路，这样做也进一步为算法和算理间搭起了一座联系的桥梁，为两者的渗透做出了贡献。

北师大版教材中这样的"小题"不在少数，教师们不妨"大做"一回，来启发学生的数学思维。

教材解读莫忘以生为本
——让静态教材动起来

时下，数学教材版本繁杂，教学内容色彩纷呈、图文并茂。面对这样多图少文，重体验少讲解的教本，老师们的解读常常大相径庭，倘若要吃透并理解其设计意图，那就难上加难了。教师的教是为了学生的学，因此在任何情况下，对教材的解读还得站在学生的角度。

一、优化资源，克服思维定式

教材是针对大众的，因此未必能适合所有的人，要使其更有利于学生的学习，必然要加以整合优化。

如上轴对称图形第一课时，教材只通过简单的图形作为对概念诠释的主要凭据，并且对知识也没有铺开讲，所以学生对概念的理解比较模糊。而在巩固练习中，大部分图形都是"对称轴"位于图形中间，并且只有一条"对称轴"。很多学生受思维定式影响，认为"轴对称图形"只有一条对称轴，且位于图形中间。那么怎么解决这个问题呢？我对教材进行了整合，通过是非题加深学生的认识，再通过反例让学生理解轴对称图形、对称轴，及图形的对称轴不一定只有一条，也不一定位于图形的中间。

二、联系生活，凸显数学本质

在小学数学课堂中，应注重生活化教学，把教材内容与实际生活结合起来，使学生体会到数学就在身边，领悟到数学的魅力，感受到数学的乐趣，让学生在生活实践中挖掘知识的内涵。

如镜子中的数学一课是比较直观的教学内容，单靠教师上课讲解，效果不很明显。于是我让学生在家中照镜子的时候，多做做动作。例如，在镜子前举起右手，观察镜子中的你举的是哪只手呢？学生们不断做出尝试，发现了镜子中的奥妙。上课时，我让一个学生与我面对面地举起右手，这时我们手在不同侧，但在镜子中看到的我举起的手应该是同一侧的，为什么呢？这是因为他们在课前都做了实验，所以一下就能明白是怎么一回事了。

三、埋下伏笔，激发求知欲望

数学是一门自然学科。自然科学中充满了辩证法，辩证法认为事物是普遍联系的。数学知识的点点滴滴遵循这一定律，相互串联，一环扣一环。教师们也是一步一步地踏进美丽的数学王国，在教学过程中不能忽略这一点。

如在镜子中的数学课前，轴对称图形中隐含了一个知识点："在轴对称图形中，对称轴两侧相对点到对称轴的距离相等。"这点对于学习新知识有很大的帮助。镜面对称是轴对称的一个特例，所以在镜子中也有这样的性质，实物与镜子中的像到镜子的距离相等。明确这一点后，知识点便可串联起来。因此我在教学前埋下探究的伏笔，让学生兴趣盎然地在家中求证。

教材解读是一门复杂的教学艺术，只有以生为本，充分利用教学资源，才能让数学教学活起来，更有针对性地满足学生的需求。

从学生的错误中解读教材意图

对于"教材解读"一词，我们已经不陌生，深知其正确与否将影响课堂质量和学生的思维发展。但在教学过程中，由于功利的应试要求或是短期的"质量"效果，教师往往更关注对教材、教参等文本的解读与参考。课改后，"生成"与"预设"渐入师者法眼，让教者从固化的文本到灵动的人本过渡，这也是进步，特别是以特级教师华应龙为代表的"容错教育"更是让我们受益匪浅。下面我以三年级上册第八单元认识小数一课中出现的错误，来解读教材的意图。

小数的初步认识分别在三年级上册与四年级下册中出现：三年级主要以元、角、分为背景认识小数，及学习简单的加减运算；四年级拓展到生活中的一些小数，完善对小数的认识。由此不难看出教材的设计是有所侧重的，但是某些教师受练习题或考试题的导引，没有领会这一点。

错误一：1.58读作1元5角8分

为什么出现这样的错误呢？因为学生未能从生活经验与问题情境中，抽离出小数的概念，只是把小数当成了元、角、分。虽然教材中的任何内容都没有离开元、角、分，但是对于小数概念的描述为"像3.50，1.06，16.85……这样的数，都是小数"。教材暗示教师要从中抽离，把小数与元角分加以区别，让学生有所理解。

错误二：$3.8 + 3.8 = 6.16$

这个错误反映出，学生对小数的认识是片面的，没有数位的概念，不能把整数运算法则迁移到小数运算中。这盖因三年级学生并不理解小数的意义及其数位等知识，脱离了元、角、分认识小数而导致上述错误。在教材中，三年级认识小数这一单元，围绕着元、角、分单位提出了所有问题。这是教材意图最显著的体现。所以在三年级，将此题改为"3.8元＋3.8元＝？"更为合适。

唯有全面熟悉、吃透教材，教师才能掌握教材的技能体系，了悟教材的教学目标，在设计教学方案时方可有的放矢地整合内容、反复渗透。

别让"标准答案"固化了学生的思维
——一道习题引发的思考

数学是一门严谨的学科，教师经常引领学生去追寻"标准答案"，往往忽略了不同的声音。这让学生的思维被束缚在狭小的空间中，无法得到最大的发挥。下面我节选课堂一例，期许引起大家的思考。

一、课堂展示，引发最多能种6棵还是4棵的思考

执教北师大版三年级下册铺地面一课时，我给学生展示了一个拓展性的题目：

一个正方形的小果园，周长20米，它的面积是多少平方米？如果每4平方米种一棵桃树，这个果园一共可以种多少棵桃树？

我想以此题考查学生能否从隐含条件"周长"中，找到求面积的直接条件，及能否把铺地砖的知识运用到种树中。

学生独立思考后反馈结果。

生1：$20 \times 20 = 400$（平方米）

$400 \div 4 = 100$（棵）

生2：$20 \div 4 = 5$（米）

$5 \times 5 = 25$（平方米）

$25 \div 4 = 6$（棵）……1（平方米）

大部分学生发现了已知条件中"周长"这个陷阱，有近70%的同学采用

生2的方法。到这里我觉得学生们基本掌握了用"总面积÷局部面积"铺地砖这个知识点，但是很多同学说不出为什么是种6棵。这个时候班上有一个聪明的学生提出异议：

生3：我认为是4棵

师：真不错，一个敢于质疑和思考的孩子，那你是怎么想的呢？

生3：之前我们解答在长方形中剪小正方形的时候，有些就不能直接用"总面积÷局部面积"来求得小正方形的个数，因为有时不够剪。

师：看来你是真的有想法。真棒！

大部分学生不是很理解他的说法，觉得自己的算法没错。这时，我要适当地启发学生们的思维，只用语言很难表述清楚，所以采用图形辅助。

二、数形结合，揭开"6棵还是4棵"的谜底

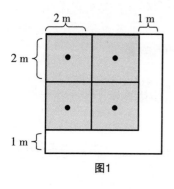

图1

师：你的想法很特别，能给大家画出图形来吗？

学生上讲台画了大致图形，我整理如图1。

师：你为什么想到这么画呢？

生3：种树的时候，每两棵之间要保持相同的距离。因此我觉得它们应该是正方形。

师：同学们觉得呢？他说得有道理吗？

学生们的思维打开了。通过这个图形一目了然，知道为什么是4棵，但是6棵是错的吗？

师：你们同意了他的想法，那6棵是错的吗？

学生们有些疑惑，有些纠结，拿不住主意。

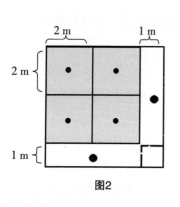

图2

师：如刚刚小然所说，种树要有间距。但是有时排与排的间距相同，行与行的间距相同。如果是6棵，我们可以怎么种呢？

学生自行探究、画图、讨论，最后师生共同探究出如图2的排列方法。

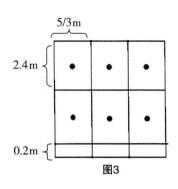

图3

为了更好地拓宽学生的视野，让他们深刻地理解数学与生活的紧密联系，有灵活解决问题的思维，我继续点拨。

师：同学们，在种树问题中，要充分利用土地。除了小然同学的画法，你们还有其他种法吗？

或许我们充分利用土地的种法可以像图3这样，也是6棵，虽然树木的分布不是很均匀，却让学生们体验了用多种数学方法解决实际生活问题的过程。

我认为，到了这里是6棵还是4棵已经不再重要，重要的是学生们在这节课中得到了什么。他们放飞想象，在思考、探究中寻找到数学与生活的联系。这就是我们想赋予学生的智慧。

三、课后反思，追寻"6棵还是4棵"的内涵

有些教师只是为了讲题目而讲题目，从不揣测出题者的意图和题目的外延。执教时，只是把算式一带而过，更没给学生展示图形。学生只能凭着经验去想象，更有部分学生还停留在表面理解。

"标准答案"对于这个题目已经不再重要，正是因为没有"标准答案"，才激发了学生的创造力。他们从不同的理解中去诠释生活，去理解数学，建立数学与生活问题的联系。

我们经常忽视培养学生思维能力的小举措，缺乏激发学生思维碰撞的小技巧。作为师者，要学会倾听不同的声音，不要让思维定式影响自己的教学创新。

让迁移思维之花开满脑海

——由一道"错题"引发的启示

在课堂中，学生为师是从，过于崇拜教师的现象屡见不鲜，敢于质疑之人寥寥无几，而敢于质疑题目正确性的更是凤毛麟角。学生过于迷信教师，用思维定式思考，不习惯换个角度分析，更不敢挑战教师或教材的"权威"。

一、"错题"错出的精彩

北师大版三年级下册第五单元"认识分数"教学内容中曾有这样一题：
用分数表示下面图形阴影部分面积。

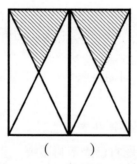

（ ）

大部分同学认为答案是八分之二；小部分同学不知道如何下手，不敢确定可用什么分数表示。于是我准备听听学生为什么有这样不同的声音。

师：同学们，老师要表扬你们。不是表扬你们的答案，而是表扬你们的善于思考。现在我想听听你们的想法，谁能来说一说呢？

认为是八分之二的同学，没有经过深思熟虑，觉得把图形分成八份，阴影部分占了其中的二份，所以就是它的八分之二。这个答案的得出，乃因没有理会分数中的平均分。

而有些同学看出端倪，认为这个图形各部分没有平均分，可用八分之二表示吗？他们表示怀疑，却不敢质疑教材的权威。

这时，有个同学突然站了起来。

生：老师，我认为这个题目是错题。这个图形中并不是平均分，怎么能用分数来表示呢？

师：你不仅是个聪明的孩子，还是个敢于挑战的孩子。是啊，我觉得有点道理，看起来是不相等的，怎么能用分数表示呢？

这个时候，很多学生似乎同意了刚刚那个学生的观点，认为题目可能有误。

师：但是我们也要思考下，那出题者有什么意图呢？为什么要出一个这样的题目呢？这样的习题应该经过了很多专业老师的审核，难道他们没有发现吗？

师：下课时间到了，你们还想验证吗？这样吧，大家回家后把图形画在纸上，再剪下来对比，看一下每个部分是不是相等的，是否是出题者的疏忽。

二、换个角度思考，让"迁移"思维之花开满脑海

有的同科组老师私下抱怨："怎么搞的，什么专家嘛？怎么出这样的题目？出错了都不改。"

真的是错题吗？其实不然，这个题目并不是错的，我们是被图形表面的不相等迷惑了。如果图形是正方形（见图1），肯定不会出现这样的怀疑。

要证明题目没有错，须证明长方形中的各个部分是相等的，只要添加两条辅助线就一目了然了（见图2）。

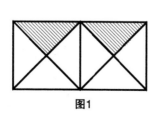

图1

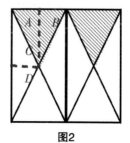

图2

如图2所示，图形各部分面积有$A=B$，$C=D$，$A=C$，各部分是相等的。

即正方形的对角线可把它的面积平均分成四等份，长方形也具备这样的性质。至此，我不禁想到了平行四边形，正方形、长方形都是特殊的平行四边形，那这个性质还保留吗？（见图3）

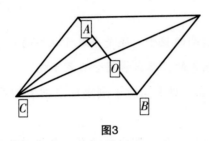

图3

显然在三角形COA和三角形COB中有$AO=BO$，从而这两个三角形是同高等底的，那其面积也就相等了，由此可见在平行四边形中，其对角线也是把它平均分成四等份了。

换个角度，利用了迁移的思想，却让我们发现了不仅在正方形存在的规律，它也一样适用于长方形和平行四边形。在教师的学习过程中也一样，换种想法、回头看看，或许会有意外的惊喜。

某些教师总是用一成不变的眼光审视教育教学，用固定、常规的思维分析问题，却忘记提醒学生们不要总抬着头赶路，还需时刻低头看路。不要牵着学生的鼻子前进，不要固化了学生的思维，还应让迁移思维之花开满他们的脑海。

不妨给自主课堂挖个陷阱
——以"比较分数大小"教学为例

毋庸置疑，一堂好课能使学生在有效的数学活动中"玩"出道理来，也可通过自身的体验"悟"出知识来。新课程改革理念中淡化教师的一言堂，更关注建构学生自主学习的课堂。这样才能更为完整地培养学生善于思考的思维品质，提高学生灵动的数学素养。下面以北师大版三年级下册"比较分数大小"教学为例，做简要分析，在自主课堂中不要忽略学生能力，适当设置陷阱，故意超标，可能收获意外的惊喜。

师：刚刚我们探究了同分母的分数大小关系，大家觉得1/4与1/2是什么关系呢？

生1：我觉得1/4更大一些。

师：你是怎么想的呢？

生1：刚刚我们比较同分母的分数得出的结论是，分子比较大的分数就更大。现在分子相等，我觉得分母大的分数更大些。

生2：我觉得是相等的。刚刚我们比较的是分子，现在分子相等，我觉得这两个分数应该是相等的。

生3：1/2更大一些。我们可以像刚刚那样折一折，然后比较一下，就会发现1/2占的面积更大些。（边说边示范）

师：看来同学们都有想法，真不错。但是我们得拿出证据来，大家一起动手试一试吧。

学生开始动手折、涂，操作结束后，我挑选一些学生上台展示，结果不言而喻。

师：觉得不是1/2大的同学还有异议吗？

沉默了一会儿后，很多同学已经明悟，但个别学生提出了不同想法。

生4：老师，为什么我的1/4还是比1/2大呢？

他举起了两张大小不一样的正方形。是的，这是我特意挖下的"陷阱"：大部分同学拿到的是一样大小的正方形、圆形纸片，个别同学拿到的是不一样的。

师：是啊，为什么他的跟我们刚刚探究的不一样呢？你把你涂的图片放到展示台上给大家看看，让大家为你出出主意。

教室里炸开了锅，学生迷惑着，思索着。

生5：老师，这两个分数不是同一个。

师：不是同一个？你能说得更清楚些，或举个例子吗？

生5：你看，这个1/2是指这个小正方形纸片的，这个1/4是指这个大正方形纸片的，它们不是同一个。

他的回答提醒了不少同学，也有同学表示赞同。

师：是的，我们在研究分数的大小时，必须基于同一个物体。虽然刚刚很多同学用的是两张纸片，但是这两张一样大，是为了方便我们比较。

在实际教学中，学生到了五年级再次认识分数，很难理解"单位1"。我认为，原因是学生在初次认识分数时，教师没有很好地铺垫，导致学生没能准确理解分数的意义。过度强调平均分，忽略了对分数本质的挖掘，担心教学"超标"给学生带来负担……这些担忧不无道理，但是一味按照课程标准教学只是及格的教学，"超标"才能培养出未来需要的人才，塑造出灵动的数学思维。

让学生发现问题，带着问题进行探究、验证、分享，最后将问题逐一解决。这是让学生自主地去"悟"道。学生们在研究与分享的过程中，收获了对分数的本质认识。教育本应如此。唯有问题，才能让学生有深刻的思考；唯有思考，才能触动学生的思维。

一点微小的变化，一个有意的陷阱，一次深刻的对话，释放了学生自主的张力。古语有云："教无定法，贵在得法。"不妨给学生留些思考、质疑的时间，适当地在他们前进的道路上设下有助于成长的"陷阱"。只要教师能在学生的心灵深处烙下教育的印记，就是好的教育。

"标准答案"同化了生活经验
——由一道习题引发对数学学习的基础的思考

数学教学应该以学生的生活经验为起点，这是即将实施的新课标的又一亮点。可在教学中，教师们时常会被"数学要高于生活"的理念干扰，被"标准答案"左右。因此，要将数学与生活联系起来，让其成为辩证统一体实属不易。在升学和评优等功利性的评价中，放弃"标准答案"也是天方夜谭。下面选取一例，简单阐析答案不一定要标准，思维更需要开放。

北师大版三年级上册第六单元"一天的时间中"有一题如下图所示：

小明从家到火车站要20分，他最晚要在下午_____时_____分从家里出发才不会误火车。

开车前5分停止检票。

教材截图

一、标准答案让我们失去了什么

读完题后，学生们很快给出答案：

$$20分＋5分＝25分$$

$$18时8分－25分＝17时43分$$

从数学的角度看确实没有不妥，先求出从家出发到火车开车需要多少时间，再用火车开车时间减去这个时间，就是"标准答案"了。检查中，笔者所在两个班级的学生都没有异议。当然，出题者可能与我们是同样的思考方式。可把这个问题放到现实生活中，真的没有问题吗？我们知道，一般坐火车大约要提前半小时到火车站，坐飞机大约要提前1小时到机场。为什么教师和学生都视而不见呢？

我们常常强调，数学的学习是为了更好地解决生活问题，但像上述结果，不是与教育目标背道而驰了吗？若培养学生只是为了"标准答案"，为了分数而奋斗，这样的追求不可悲吗？

"标准答案"成了学生的负担、绊脚石，他们尚未具有结合实际情况分析问题的能力。

二、答案是否标准不重要，重要的是学生收获了什么

通过这样的调研，我认为有必要让学生重新认识学习的重点，不要因为"标准答案"而忽略了数学学习的基础——对生活经验的审视。因此在执教

时，引导学生们去思考，从生活经验出发，于是构造了这样的情境。

师：暑假就要到了，如果你和爸爸妈妈想坐火车去北京旅游，从家到火车站需要20分钟，火车站在开车前5分钟停止检票，你买的票是18点08分开车，你应该几点从家出发呢？大家先想想我们平时去坐火车时要注意什么，然后结合生活实际来思考和解决问题。

这样的情境让学生们在交流的过程中，生活经验重新被唤起，不再眼里只有"标准答案"，而是更多地去思考和分析题目与现实生活的联系。

到此，答案是否标准已经不重要，重要的是在这个过程中学生们能通过交流和分享重新树立解决问题的思路和方式，思维得到了进一步的拓展，不是为了答案而思考，为了答案而分析，而是为了解决生活中的问题去求解。也正因为有了这样的铺垫，学生们意识到全面思考问题的重要性，间接培养了他们独立自主的意识。

崇拜标准答案没错，追求分数也无罪，但是教育不仅是为了分数和升学率。为了让学生成为更全面的人，教师应适当创造类似的教学情境。

打开我们强加于学生的无形枷锁
——一道数学练习引发的思考

随着素质教育和新课程的深入推进，教师的教育理念有了大幅转变，学生的基本素质有了显著提高。但是也不乏教师不放心学生，给他们一条现成的路走，无形中束缚了学生展翅腾飞的能力。

数学源于生活，又高于生活。数学学科就是为了更好地培养学生思考问题的能力，提高学生的数学思维。然而一道简单的数学问题，让我看到了日常教学中存在的问题和弊端，引发思考：难道我们的教学方式只是培养了学生生硬的迁移，或是把学生的思想禁锢在了一个圈子中，局限在了教师预设的范围内吗？

执教北师大版四年级下册第一单元小数的认识和加减法练习二的第7题

（见下图）：

多名学生得出了这样的结果：

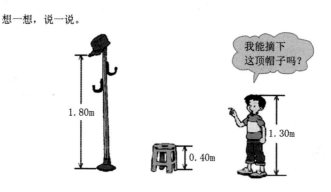

教材截图

人的身高＋凳子高度＝1.30＋0.40＝1.70（m），而帽子挂在了1.80m的高度上，所以他是摘不到帽子的。

这些学生陷入思维定式，没能联系生活实际，换种方式去思考，学习了小数的加减法，就用这样的思考去想，没考虑到其他因素。当然，也有学生发现这样的想法是错的，马上说："老师，他的手也有一定长度，而且不会少于0.1m，所以能摘下帽子。"

是的，我们应该换个方式去思考，虽然人的身高＋凳子高度＝1.70m，比1.80m少了0.1m，但是在实际中我们可以伸手，甚至可以踮起脚。经过这样的平等交流，学生们的思维打开了，懂得了在解题时不能囿于当下，还需联系实际。

一个简单的开放性的题目，为学生提供了更多的交流与合作机会，为充分发挥他们的主体作用创造了条件；这样的教学过程也是学生主动构建，积极参与的过程，有利于培养学生的数学意识，发展学生的数感，学会数学思维。但是在课堂中，"一言堂""我的课堂我做主"现象比比皆是。教师放不下心，总是牵着学生的鼻子前进，然后抱怨学生不够灵活、不会创新、缺乏学习热情。

但是老师想过吗，学生怎么就只能沿着老师给的路子攀爬？为何学生越长大越不喜欢在课堂上说出自己的想法、越对学习没了兴趣？我们是否在无形中给学生画出一个圈子，让学生在这个圈子中寻找出路，没有给学生放飞想象的空间？是否打击了学生的奇思妙想？再想想，当学生给出的答案与老师要的"标准答案"不一致时，老师否定了学生吗？

因为存在不少这样的例子，于是学生不再喜欢表达自己的意识，没有了追求和探究的精神。

我们应该放一放，精彩或许就在眼前；停一停，纠错或许水到渠成；等一等，成功或许不会太远。给学生一点自主权，给学生一点展翅飞翔的空间和时间，不一味地按照教案呆板上课，或许能使学生的想法或者"错误"给课堂教学增添精彩。

作为教育工作者，我们的责任是重大的，应该不断反思，不断发现问题，改变教育策略，而不是单纯地成为一个知识传播的机器。

第二节 汲取教学智慧，在观课中领悟

广义上观课中的"观"应包括视和听，既要用耳还要用眼，更要用脑、用心，调动多感官参与课堂，所以光"观"还远远不够，还要"思"。思考教学行为背后的教育理念和追求，思考教学策略是否让学生动了起来，而且动得有价值有意义。由此可见，观课对教师的成长至关重要。每一名新手都是在模仿的过程中拄拐前行，细细琢磨其中的奥秘后才能弃拐自行。把握观课的重点，设身处地进入角色，带着备课者、学习者、思辨者的三种角度去审视课堂，汲取智慧与经验，领悟教育教学的内涵与本质，可大大缩短青年教师的成长周期，让他们成为会思考的教育者。

青年教师需要明确的是，观课要"观"什么？怎么"观"？为什么"观"？这些问题，关乎青年教师是否能成为一名具有独特思维的执教者。

发展空间观念不妨循序渐进

——吴冬冬老师"长方体和正方体的认识"一课片段思考

《义务教育数学课程标准（2011年版）》把"空间观念"作为十大核心概念之一，可见其重要性和对几何板块的意义。有人认为空间观念是对一个人周围环境和实物的直接感知，而依靠大量感性材料把人对头脑中已有表象进行加工改造，创造出新的形象，这就是发展学生空间观念的重要方面。在现实的教学中，教师常常为从何处入手发展空间观念、选择哪种素材铺垫想象、该侧重想还是注重做等问题犯难。

其实，空间观念的形成需要经验的支撑和时间的积淀，应该由做到想，由一维到三维，循序渐进，有一个建构过程，这样既符合学生的学习特点，也切合学生的思维特征。江苏省南通师范学校第二附属小学吴冬冬老师长方体和正方体的认识一课让我们看到：几何板块教学要在观察中积淀空间观念，在操作中建构空间观念，在想象中发展空间观念。

一、切物变"体"，为发展空间观念打下地基

师：你们看一看，今天老师给大家带了什么？

生：土豆。

师：是的，喜欢吃吗？不过今天我带来不是吃的，是给大家切的。（屏幕展示把土豆切一刀）

师：你们想一想，切完后与刚刚有什么不同？再摸一摸看有什么感觉？（学生合作模仿课件的方法切土豆）

生：变成了平平的。

师：是的，这就是我们之前学过的"面"。

师：那像这样再切一刀，你又发现了什么？（课件展示沿着刚才的面再

垂直切一刀，学生继续模仿合作切一刀）

生1：我发现又多了一个面。

生2：多了一条边，两个面相交的地方有一条边。

师：太棒了，你有什么感觉，像这样的边，在这里我们叫"棱"。

师：如果这样再切一刀呢？（课件展示，学生继续模仿合作切一刀）

师：现在你有觉得多了什么吗？摸起来有什么感觉？

生1：又多了一个面，还多了两条棱。

生2：还多了一个尖尖的地方。

师：是的，这就是"顶点"。

发展学生的空间观念，想象的重要性不言而喻。在老师的启发下，学生通过自己动手操作，一步步切出了"面""棱""顶点"。这样的"产生过程"看似普通，却把长方体的生成过程很好地展现出来了。

二、搭棒成"体"，为发展空间观念筑起框架

师：你们看，我们的建筑大部分都是长方体框架结构，那我们也一起来做一个这样的框架吧。请小组在下列小棒中选择合适的做一个长方体。

长度	9cm	6cm	5cm	4cm
根数	绿色4根	蓝色4根	红色3根	黄色8根

材料说明：材料中配有长度不同的小棒和连接小棒的接头。

学会合作：四人小组合作完成一个长方体框架

自主探究：仔细观察完成的作品，在小组内交流你的发现。

师：真不错，很多同学都搭好，还有个别没完成的也都搭出了大体框架，哪个小组先处理汇报一下呢？

组1：我们组用了三种颜色的小棒，分别是绿色、蓝色和黄色，而且每种颜色的小棒根数一样，都是四根。（一个说，一个演示）

组2：我们组只用了两种颜色：绿色和黄色，同样也搭成了一个长方体。

师：这一组只用了两种小棒，那搭成的是长方体吗？还有也是用两种小

棒的吗？

组3：我们也是用两种小棒：蓝色小棒4根，黄色小棒8根，这样搭成的长方体有些面是正方形。

师：老师刚刚也看到了有小组是用红色小棒搭成的长方体，我们也一起看看好吗？（展示这样的长方体框架）你有什么想说的吗？

生1：老师，这个不是长方体，红色只有三根，他们还用了一根黄色的，但是这样4根长度不一样。

师：是的，你们观察得真仔细。

老师的设计是十分巧妙的，有四组不同颜色、长短、数量的小棒，搭成的长方体的大小、相互位置也是不一样的，特别是红色的只有3根设计，更是再次把长方体的表象建立在学生脑海中。多角度、全方位的感知过程，使学生的思维能产生辨析、冲突，并在动手时思考、想象、对比，综合运用已经积累的空间观念、想象力，搭成形状各异的长方体。还没搭成的同学也能想象到这个长方体未来的样子。这不同程度地促进了学生空间观念的提升，因此这个"做"的过程一点都不简单。

三、从棱得"体"，为发展空间观念砌得墙体

师：如果我把长方体（没有数据）的一些棱擦除，你还能想象出这个长方体的样子吗？

先擦去一条，展开想象；再擦去三条，继续想象。

师：你们觉得最少要保留多少条棱，可以想象出长方体原来的样子呢？

按照教材的定义，长方体相交于同一个顶点的三条棱的长度（长、宽、高），能确定长方体的形状。

师：如果我只给三条棱，你们能想象出这个长方体吗？见下图。

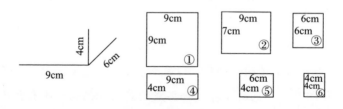

让学生通过棱的信息想象对应的面，从而构成体，这里还有一个面是找不到的，然后通过老师变化演示，把②图变成了长为9cm、宽为7cm的长方形。

这个擦棱活动，建立在学生对长方体特征具有一定认识的基础上，这样的想象是有血有肉的，是在表象操作中发现面的特征，进而再筑造原来长方体的样子。棱的数量不断变化，学生一次次地重新建立原来长方体的雏形。

在找面的过程，学生由线到面再到体，从一维到二维再到三维，一次次的表象提取和分析对比给视觉造成了更多冲突。其中有一个面是在选项中找不到的，这进一步加大了学生的思维冲突。

由棱到体，有梯度又符合学生的认知规律，这样的过程把想象落到了实处，使空间观念这所"房了"有了"墙"的庇护。

四、知棱猜"体"，为发展空间观念盖上房顶

练习很多时候只是起到巩固知识的作用，而且是重复性的训练。吴老师却在练习中将学生的想象推到了最高点。

师：刚才我们研究了长方体、正方体的特征，你们能猜一猜它是什么吗？见下图。

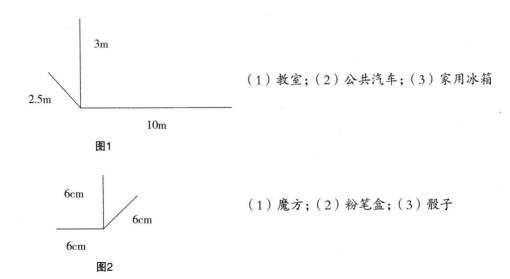

（1）教室；（2）公共汽车；（3）家用冰箱

图1

（1）魔方；（2）粉笔盒；（3）骰子

图2

四道无论从摆放、数据都有变化的题目，对学生的数据分析能力，实体想象能力，提出更高要求。学生要努力地从大脑中调出原有的表象，再一个个排除。该过程是对整节课的重温，已建构的空间观念被逐层整理，最终在学生脑海中形成一个整体。

吴老师的教学内容逐次展开，层层递进；学生在观察、操作、想象、感悟中，多感官、全方位地理解了空间的内涵，空间观念循序渐进地得到了发展。

教育智慧在何处生长
——特级教师张齐华"平均数"一课的片段赏析和思考

在深圳市实验学校聆听了张齐华老师执教三年级下册平均数一课，分享了一节教育智慧和教学艺术有机融合的教学盛宴，让我感受深刻，也引发了我的思考。下面我节选部分片段赏析如下。

片段一

为了让学生更了解老师，张老师在课前让学生们提问。学生们问了老师的年龄、家乡等问题。

师：刚才大家都给张老师提了很多问题，那我能给大家提个问题吗？

生：可以。

师：你们喜欢什么体育运动？

生：篮球、游泳、跑步、羽毛球……

师：大家喜欢的运动真不少。你们知道张老师喜欢什么运动吗？

生：游泳、羽毛球……

师：张老师喜欢篮球，你们觉得张老师这样的身板不像是打篮球的是吧？

师：不仅你们不信，张老师班上的同学也不相信，所以班上的有三个篮球高手要试一试老师的身手。你们觉得老师要接受他们的挑战吗？

生：应该。

感悟：谈话过程体现出师生地位的平等，及学生对探索新知的渴望。看似简单的对话，针对性非常强，启发性很到位，张老师引出了学生熟悉的情境，学生们迫不及待地想知道结果。

片段二

师：比赛就要开始了，怎么比呢？

生：比谁投得多。

师：那我投2分钟，同学们投1分钟，行吗？

生：不行，这样不公平，每个人都投1分钟。

师：（出示小强照片，出示他1分钟投了5个）小强投得多吗？

生：不太多。

师：他也这么想，于是他拉着我的手（老师拉着现场一名男同学的手），说："老师，我最好的水平没发挥出来，这样吧，再给我两次机会吧。"你们觉得我要答应他吗？

生1：答应。

生2：不答应。

师：老师还是很慷慨的，答应了他。

（课件出示小强第2次投球：5个；第3次投球：5个）

师：小强三次都投完了，那你看看用几个来表示他的水平比较好呢？

生：5个。

师：为什么呢？

生：因为3次都是5个，所以5个表示他的水平比较合适。

感悟：数字设计是张老师妙笔生花的地方，利用了这三次一样的投篮个数来概括他的一般水平，学生很容易想到5个，从表象中初步理解了一般水平，也为接下来的学习做了铺垫。这里张老师动态地呈现每次投篮的个数，使学生们也参与到教学中，更让人体会到了他的教育智慧。

片段三

师：小林出场了。

（课件出示小林照片，继而出现他第1次投篮：3个）

师：小林也觉得自己发挥不好，也要多两次机会。老师应该给他机会吗？

生：给。

师：是啊，小强我都给了，小林总不能不给吧。

（课件出示第2次投球：5个；第3次投球：4个。学生看完思考）

师：用几个表示小林的水平好些呢？

生：4个。

生：5个。

师：有不同意见。这样，我们一起来分享你们的想法。说5个的同学先说。

生1：5个是最好的成绩，所以是5个。

生2：4个是中间的，所以是4个。

生3：（3+4+5）÷3＝4（个）。

师：看来有很多想法，你们同意那种呢？相互说一说。

老师对这种方法进行了强化，并介绍"移多补少"的方法。

感悟：张老师进一步细化了数字，3个、4个、5个引发了学生的争论和思考，他们对一般水平有了深刻理解。张老师顺势引出平均数及相关计算方法。师生对话、生生对话把学生的注意都凝聚到课堂上，不愧是名师，教育智慧随处可见。

片段四

（课件出示小刚三次投篮次数：3个、7个、2个）

师：用几个表示他的水平呢？

生：4个。

师：可这里没有4啊，怎么是4个呢？

生：用刚刚的方法就可以得到了4，就是它们的平均数。

感悟：这一组差别比较大的数字让学生对平均数产生怀疑，在冲突中再次理解用平均数来表示他的一般水平。一句"可这里没有4啊"，把平均数的意义的理解推到了讨论的风口上。

三组数据，学生从初识—质疑—再现的过程中像剥笋似的层层递进，感受到用平均数表示一般水平的意义所在。在此过程中，张老师没有过多强调，学生却顺其自然地一步步理解和掌握了教学内容。

片段五

（课件出示了老师前两次的投篮成绩：4个、6个）

师：同学们，我投完第二次后就后悔了。你们知道我为什么后悔吗？

生：因为你投完两次后平均数是5个，这样最少能赢了小林和小刚。

师：看来瞒不过你。是啊，如果我不要第三次，最少可以赢两个同学，就不会丢面子了。

师：现在没办法了，骑虎难下，你们觉得老师第三次最少要投几个才能全赢，投几个会输给他们三个呢？

一个开放式的练习出现，学生思考，动笔计算。

感悟：老师在适当的地方停顿能引发学生的思考，也是高超的教学艺术的体现。此处的渲染营造了一个开放的思考环节，让学生们进行练习。老师的"装傻"引出了意料中的精彩，老师的"惋惜"更是让学生想打破砂锅问到底。练习在无形中进行，巩固在练习中升华。

片段六

师：一条河的平均水深0.8m，淘气身高1.3m，他如果从河中走过去有危险吗？

生：没有，因为他的身高超过水深了。

生：有危险，虽然平均水深是0.8m，但是有些地方可能比0.8m大，有些比0.8m小，平均起来才是0.8m，所以还是有危险的。

师：是吗？老师用防水相机把水底的情况照了下来，我们一起看看。

（课件出示了深浅不一的水底图，有些很深，远远超过了淘气的身高。）

感悟：一张水下图足以突出张老师对每个细节处理得精准和恰当。很多教师在学生们讨论完了后就结束了，而张老师再出示照片，让学生的印象更深刻，也是对刚刚讨论的一个特殊验证。一节课的好坏重点就在于对每个细节的处理是否成功，是否能引起学生的思考和触动。

课后思考：课中数据的设计、问题的提出、气氛的渲染、细节的把握、课堂的点拨，皆足以显示出张老师把控课堂的能力和其教育艺术。

1. 注重细节的处理，彰显教育智慧

整节课，张老师非常关注教学细节，小到一张图片，大到一个辩论环节，他都能步步为营，铺垫、设陷阱、挑"是非"，让学生在思维碰撞和交流中逐渐理解平均数的意义和适用范围。也正因为张老师智慧的细节处理，才让教学内容精彩纷呈，让学生的学习轻松、高效，让课堂氛围快活融洽。学生在探究过程中流连忘返，在辩论过程中兴趣盎然，在学习过程中获得成功。

2. 注重氛围的渲染，凸显教学艺术

"于是他拉着老师的手，要老师再给他两次机会。""这个时候老师后悔要了三次机会了，如果是两次那就好了啊。"……这些特殊的过渡语让课堂充满了和谐和愉悦的气氛，张老师善于用动作、表情不断营造气氛，让学生们忘记了学习的苦累。错误资源的利用、学生回答的点拨……这些处理都显示出张老师高超的教学艺术。学生们带着问题思考，带着思考讨论，在讨论中达成共识，内化成自己的认识。整节课中，师生在和谐的讨论中、风趣的对话中、融洽的氛围中，共同研究、分析，发现问题、解决问题。

教育智慧和教学艺术的融合，是我们一直追求的，因为那是带着学生走向人性、人情的教育。

追寻有"味"的数学课堂

——特级教师刘松"乘法分配律"一课引发的思考

乘法分配律是小学阶段最为重要、最难学、但应用又最为广泛的运算定律之一。它为学习优化计算、公式推导、代数式化简、实际问题解决及初中"合并同类项"和"提取公因式"等问题奠定了基础。

新课程改革后，人教版、北师大版等几个版本的教材都是让学生在解决问题的过程中发现并理解乘法分配律，利用有趣的情境导入，让学生通过计算并观察后发现规律。但是实际上学生的学习情况并不是很乐观，依然存在诸多问题：例如 $(a+b)×c=a×c+b$、$(a+b)×c=a×c×b×c$、$(a+b)×c=a×c×b$等。

怎样才能突破这个难点呢？刘松老师的课让我耳目一新，有了新的思考、感悟。下面以刘松老师执教的乘法分配律一课为例，对比阐述如何追寻有"味"的数学课堂。

一、探究：简约而不简单

片段一

我执教的乘法分配律一课探究部分，引导学生通过问题情境思考列出不同的算式，观察并计算。

（1）$(4+6)×3$　　　　　　$4×3+6×3$

（2）$(28+12)×5$　　　　　$28×5+12×5$

（3）$(93+7)×18$　　　　　$93×18+7×18$

计算后，老师让学生观察并对比，发现特征，通过归纳的方法来得到一般的规律。

片段二

刘松老师执教的乘法分配律一课探究部分。

师：（在黑板左边板书：3）这有几个3？

生：1个。

师：（继续写）现在有几个，现在呢？（黑板中有6个3）

生：6个3。

师：那我要把这6个3加起来，还可以怎么写呢？

生：3×6。

师：（在黑板的右边继续板书：3）有几个3？（黑板中有5个3）

生：5个。

师：用乘法可写成3×5。（在5个3的一侧再写一个3）那这还有几个3？

生：1个。

师：那它可写成乘法算式吗？

生：3×1。

师：那右边这里现在一共有几个3？（3×5+3×1）

生：6个3。

师：那我们看看，这不就和左边的一样吗？（老师把左右两边用长长的等号连起来）如果我要左右两边更像一些，可以这么修改左边？

生：3×（5+1）。

新课程改革后，我们利用情境吸引学生，利用素材的有趣性、规律性去启发学生，却忽略了数学中最为重要的"味"，没有挖掘数学的本质。

片段一：侧重于解决问题的情境和对数学特征的观察、归纳，而这个不完全归纳的难点成了学生学习的拦路虎，表面上学生好像懂了，但是没有完全掌握和理解。

片段二：一个简约的对话，把片段一的静态情境动态化，唤醒学生的记忆，把加法与乘法联系起来，并把乘法的意义阐释得淋漓尽致。通过乘法意义来理解分配率是数学的本质，有思考，更有思维的碰撞，这就是数学的"味"。

新课程改革强调要突出建构主义，片段二的探究过程利用加法、乘法这个"脚手架"让学生主动建构，在脑海深处有了较为清晰的思维脉络。看似简约、缺乏趣味的探究过程，挖掘出学生学习数学的根本，这样的简约难道没有内涵吗？

二、练习：浅陋而不浅显

片段三

师：你还能写出类似的算式吗？

生：思考并板演。

$5 \times (4+1) = 5 \times 4 + 5 \times 1$

$9 \times (6+1) = 9 \times 6 + 9 \times 1$

……

这个环节让学生把自己的理解转化成初步认识，因此出现了很多学生选择数字简单而且都是几个加上1个这样的算式。这显示出学生还停留在模仿阶段。但刘老师的适时点拨和启发起到了重要作用，这个过程是学生理解"分开率"的开端。

片段四

师：你知道在哪还用过我们今天学的"分开率"吗？

学生有些迟疑，老师启发。

师：乘法口诀，记得吗？如果你要得到七七得几，你记住了七六四十二，那可以怎样呢？

生：$7 \times 7 = 7 \times 6 + 7 \times 1$

师：还有吗？（老师继续启发学生）

乘法中有吗？$12 \times 3 = (10+2) \times 3$

长方形的周长公式：$(a+b) \times 2 = a \times 2 + b \times 2$

将分配率与计算（乘法口诀、乘法计算）、公式推导建立起联系，再一次凸显数学课堂的本质。不是单纯地为了巩固练习而练习，而是通过练习、回忆、建构，搭起一个完整的认知体系。

看似浅陋的练习，却有十分重要的意义，这就是"数学味"的魅力，让学生在数学活动中收获了数学思维。

三、结尾：遗憾而值得反思

结尾，刘老师抛出$67 \times 98 + 67 \times 2$的问题换来一片冷场，遗憾的同时触动了我的思考。整节课是那么的顺利、到位，更是非常精彩与不乏"味"，可换个角度学生却无所适从。为什么呢？仔细想想，少了让学生体验到为什么要学"分开率"这道"味"。给学生的都是简单的数字，如果可以给大些的数字，像$(48+52) \times 147$这样的算式，才能让学生认识到学习"分配率"是为了把复杂的计算变成简单的计算。这就是数学运用，即学以致用，学了还要会用。

刘老师诙谐的语言艺术、夸张的肢体语言、巧妙的氛围营造都是让整个数学课堂不乏"味"的体现。但他抓住了数学课堂的本质，用最简约的探究阐释了最不简单的内容，用最粗浅的练习完善了最难理解的方法，用遗憾的结尾带动了在场聆听者对教学新的思考，更让学生有思维的突破思考，这就是有"味"的课堂。

不妨给枯燥计算添点"趣味"
——听两位数乘两位数练习课有感

"数与代数"是小学数学课程内容的重要板块，是学习其他知识的基础。但是当前学生们对于这个领域中的重要的学习内容"数的认识与数的计算"，却兴趣不浓厚，甚至是厌恶，于是数学难学、枯燥便在学生们的心灵深处烙下印记。这盖因教师处理这个领域的知识，特别是数的计算确实做得不够，有时为了追求分数，把算法当成课堂的一切。新课程改革后，随着新理念的渗入，教师们意识到算理的地位，便又厚此薄彼，可始终还是很少想过给枯燥乏味的计算添一味——趣味。下面我曾听过的一节课，或许能给执教者带来启发，对计算有新的认识。

片段一：故事导入，初识回文数

师：同学们，你们知道清朝的才子皇帝与铁嘴大臣分别是谁吗？

生：乾隆与纪晓岚。

师：回答正确，你们想听听他们的故事吗？

生：想。

师：一天，乾隆皇帝和纪晓岚来到一座叫"天然居"的酒楼喝酒。乾隆皇帝突然兴致大发，吟出了上联：

"客上天然居，居然天上客。"

此时跟随的才子大臣纪晓岚对上了下联：

"人过大佛寺，寺佛大过人。"

师：你们看完这副对联有什么感受？

生：很优美、对仗。

师：那你们倒过来再读一下。

生：奇怪了，倒过来读也是一样的。

师：真不错，在语文中，我们把这样的文体叫作"回文"。

师：在数学中也存在这样的回文哦，你们想看看吗？

这时引导学生进入新课的学习：两位数乘两位数的练习课。

耳目一新的导入让计算课增添了一层神秘感，有趣的故事让学生学习兴趣浓厚，一副优美的对联与即将学习的数学内容紧密联系，吊起了学生的胃口，一个个迫不及待地想探个究竟，更想知道老师这节课的葫芦里卖的是什么样的数学内容。

片段二：自主探究，再识回文数

师：我们一起来计算如下几题，我看谁最先发现其中的奥秘。

（1） 68   86   （2） 63   36

    × 43 × 34   × 24 × 42

（3） 93   39   （4） 39   93

    × 13 × 31   × 62 × 26

师：你们发现奥秘了吗？

生1：我发现每一组的计算结果都是一样的。

生2：写出它的横式后，我发现把第一个式子倒着读就是第二个式子了。

师：也就是这样，是吗？（板书：$68 \times 43 = 34 \times 86 = 2924$，

$$63 \times 24 = 42 \times 36 = 1512$$

$$93 \times 13 = 31 \times 39 = 1209$$

$$39 \times 62 = 26 \times 93 = 2418 ）$$

学生发现这些算式如同回文，第一个式子从左到右成了第二个式子，第二个式子从右到左就成了第一个式子，并且两个算式的结果一样。

师：那么是不是每个两位数乘两位数都有这样的规律呢？你们能仿照这些式子举出一些例子吗？

生1：$93 \times 54 = 45 \times 39$

师：成立吗？动手试一下。

这时学生一起计算，发现并不成立。为什么会这样呢？学生的学习激情被激发了，想弄明白为什么。于是老师再让学生计算：

（1） 25   86   （2） 49   36

     × 68 × 52   × 63 × 94

但是却有$25 \times 68 = 1700$，$86 \times 52 = 4472$；$49 \times 63 = 3087$，$36 \times 94 = 3384$。

显然$25 \times 68 \neq 86 \times 52$，$49 \times 63 \neq 36 \times 94$。

师：刚才具备了"回文数"特征的两组式子计算结果是一样，而这里也同样具有这样的特征，为什么不相等呢？我们再把所有的算式请出来，再仔细地观察一下，你发现什么了吗？

从而引导学生探究回文式需要具备什么条件？

学生在老师的启发下，对比后发现了结果一样的算式具有如下的特征：

$$十位数 \times 十位数 = 个位数 \times 个位数$$

也就是 $AB \times CD = DC \times BA$，必须满足 $A \times C = B \times D$。

本是一节两位数乘两位数的练习课，但学生们乐此不疲地探究着有趣的规律；本是一些枯燥无味的计算，学生们却带着好奇与兴奋验证着，丝毫没有产生厌烦之感；本是一次简单的规律研究，却让学生们在两次思考落差和思维碰撞中逐渐明晰了规律所要具有的条件。

看似与教学内容毫无关系的回文，为计算课增添了趣味色彩，学生们兴趣盎然地锻炼了两位数乘两位数的计算能力，体验到了学习的快乐。

要让数学的魅力感染学生，任务是艰巨的；要营造一个美妙的数学学习平台，让学生体验数学的趣味、享受数学的美，工程是巨大的。如此一课，却把枯燥的计算变成了有趣的探索，把学生头疼的乘法计算总结成规律。这就是我们要开发、所向往的。

好玩又深刻的数学教学

——听许卫兵老师"可能性"一课有感

《义务教育数学课程标准（2011年版）》颁布后，修订版教材都对教学内容做了一些调整与删减，其中调整最大就是"概率"部分，不仅压缩了内容，一、二、三年级不再编排，四、五、六年级的部分内容也调整至初中。因此，我们是否要把"可能性"一课安排在二年级与四年级？教学内容需要做调整吗？如何把这个"简单"的课上得比二年级更有深度？在实际教学中，教师往往更重视教学趣味性，忽略了对数学本质的挖掘与探索，不能很好地在学生心灵中植入数学思维的种子，这或许就是教学还不够深刻。而江苏特级教师许卫兵老师"可能性"一课则两者兼备，好玩又深刻。

一、故事导入，播下深刻的感知

播放狄青《百钱定军心》的故事。

师：听完这个故事以后，你们有什么想法或者疑问？学生小组内讨论，说一说自己的想法

师：这一讨论就有智慧的火花出现了。哪个小组先跟大家分享一下想法？

生1：我有一个疑问，为什么他抛的硬币都是正面朝上？是不是有什么方法啊？

师：你们是不是都有这样的想法，举一举手看看。

生2：我有一个想法，是不是这些硬币两面都是正面？

师：你是解决她的疑问是吧？（生2点头）他的意思你们明白了吗？什么叫两面都是正面？即没有反面是吧？假币啊，这是假币啊。

生3：我觉得可能是反面比较重就朝下了，正面比较轻就朝上了。

师：有一面比较重，像不倒翁一样的。

生4：我觉得是两个真的铜币叠在一起了。

生5：我有个疑问，为什么都正面朝上了就有神灵保佑了？

师：因为大家都觉得一百枚铜币同时正面朝上有点不太可能，除非有神灵保佑，这就叫"奇迹"。综合一下大家的疑问，就是这一百枚铜币抛下去要同时正面朝上，不太可能。但是事情就是发生了，有人提出了各种解释。好啦，同学们，要解开这个故事里的玄妙，就要利用数学中一个很重要的知识点"可能性"。（板书：可能性）

从一个有趣的小故事入手引出数学知识，在学生们的疑问与谈话中不断梳理其中的问题。学生们深入思考，似懂非懂，意犹未尽，探究的热情被点燃了，学习的积极性被调动了，"可能性"这颗种子也播撒在心间。

二、探究体验，渗透深刻的理解

（一）抛玩硬币，感知"不确定"

师：狄青抛的铜币相当于现在的硬币。如果我们抛一枚硬币，你们觉得会怎么样？

生：可能有两种情况。

师：也就是说有两种结果（板书：有2种结果），一种是正面朝上，一种是反面朝上。

师：我们不妨来抛一抛这枚硬币。如果你是正面朝上请举手（部分学生举手），反面朝上的举手（部分学生举手），竖起来的举手（没有学生举手）。

师：事实证明，因为一枚硬币有正面也有反面，所以在抛的过程当中，我们不能确定它会哪一面朝上。它可能是正面朝上，也可能是反面朝上。（板书：可能……可能……）像这种抛硬币的事件，在数学中人们给它取了个名字，叫"不确定事件"。

让"不确定事件"在这个年龄段就出现是不是有超纲的嫌疑？这可能是很多一线教师的疑问。当然，"可能性"这节课在二年级时，可以不明确提出这个概念；但是在五年级，让学生认识这些新名词，是为将来的学习进行铺垫，初步理解概率事件中的一些专业名词，有助于学生建构学习系统。

（二）摸球游戏，加深理解

师：不确定事件在生活中经常发生，比如我在这个袋子里放一黄一红两个球，任意摸一个出来，会是什么情况？

生：可能是红球，也可能是黄球。

师：其实它跟刚才抛硬币事件是一样的，有两种结果。

师：现在我再往袋子里放进一个球，看清楚，放进什么颜色的球？

生：白色。

师：我任意地摸一个，什么结果？

生：有3种可能。

师：也就是可能是红球，可能是黄球，也可能是白球。现在有3种结果。看来有些事件是两种结果，有些是三种结果。凡有两种以上结果的事件，我们都称之为有多种可能。（板书：把2改为多）

师：我继续往袋子里放球，现在是1黄、1红、5白。现在在袋子里任意摸一个球，会是什么情况呢？

生1：我认为有3种结果，5个白球摸到哪个都是一个结果，所以只有3种可能。

生2：我觉得可能是黄球，也可能是红球。但白球比较多，最可能是白球。

师：随着球的数量发生变化，摸到哪个颜色的球的可能性大小也在变化，是吗？老师给每个小组发一个袋子，袋子中有1黄、1红、5白，每人摸一次，然后记录下来。

分小组摸球，统计小组摸球情况，再汇总全班摸球数据。

师：我们全班50人，摸球红球7人，黄球6人，白球37人。确定证明这种情况下摸到白球的可能性更大。

师：其实有时候，数据太小的话不一定能看出规律。通过研究、实验来验证可能性，往往需要很多数据来佐证。刚才我们通过50个人的研究，初步得出从这个袋子里摸球的情况，跟大家的判断是一样的。

师：现在我继续往袋子里放球（袋子里出现更多的白球）。

生：可能摸到黄球、可能摸到红球，但是摸球白球的可能性很大。

师：继续放球，请看屏幕（袋子里出现更多白球）。

生：摸到黄球和红球的可能性很小。

师：那有可能摸到黄球或红球吗？

生：可能。

师：再继续放（袋子里的白球越来越多）。

生1：可能摸到黄球，也可能摸球红球，但是摸到白球的概率最大。

师：能换个词吗？

生2：极大。

生3：摸到白球的可能性太大了，几乎摸不到其他颜色的球。

师：如果我从里面拿球（拿出黄球和红球），发生了什么？

生1：只可能摸到白球了。

生2：不管怎么摸，只有一种可能，白球。

师：换个词。

生：只能。

师：再换个词。

生：一定。

师：再换个词。

生：必须。

师：这么多词里，我们经常会用一定。（板书：一定）

师：为什么是一定呢？

生：因为只有一种结果。（板书：一种结果）

师：像这样的事件，我们也取个名字，叫什么好？

生：确定事件。

师：我写了，真的写了，没问题的。同学们，这样的事件就是确定事件。我们今天学习的可能性，包括不确定事件和确定事件。

这个探究的过程，白球数量由无到有，由少到多。学生的思维一次次碰撞，一次次升级。老师引导学生从两种结果的不确定事件到多种结果的不确定事件，再到一种结果的确定事件，不断深入，反复体验，这样的"可能性"学习给学生留下了深刻印象。

（三）回顾故事，解疑释惑

师：学完这个知识，你们想到了谁？

生：狄青。

师：小故事，大智慧。狄青的故事到了这里怎么解释？狄青如果抛的是一百枚硬币，有什么结果？

生：有正面朝上，也有反面朝上。

师：也就是说，这是不确定事件，所以狄青抛的是假币，狄青的智慧就是把不确定事件变成了确定事件。看来没有知识是很可怕的，要是当时你们在军营里，狄青的日子就不好过了。

出示骰子和转盘巩固训练。

这个环节不仅首尾呼应，还再次把可能性这个问题生活化，让学生们懂得学以致用。

三、总结提升，建构深刻的整体

（1）揭示利用咒语"一定就是它"找出观众挑选的牌的"猜牌魔术"的奥秘。

（2）逐步完善板书，让学生们进一步懂得数学中的"可能性"包含着不确定事件和确定事件，在描述这些事件时，需要用上"可能""一定""不可能"等数学用语。

板书设计：

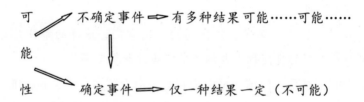

总结的过程是对这节课的一次重新梳理，更是对"可能性"内容的整体框架的建构，让学生在不知不觉中把"可能性"的内容印在心底，正如许老师所讲："这个板书将伴随你们学习到六年级、初中、高中。"确实，一个内容把所有的知识都铺垫了，这就是数学学习的本质特征，用一根绳子把这些零碎的珠子一颗颗串起来，把它们整合成一条线，整合成一张网，这就是我们的最终目标。

第三节 凝练教学特色，在"说"课中提升

"说"课不仅可以考查教师教学理念把握、教材内涵解读、教学过程设计等能力情况，还能看到教师的专业素养和综合能力水平，更主要的是通过"说"课训练能促进教师对教学内涵的思考和教学特色的凝练，而优秀的说课应具备如下几点：

1. 形式要"创新"

传统的说课模式会让人觉得审美疲劳，所以抓住说课的重点，不拘泥于形式、不求面面俱到，把最具亮点的部分呈现给听课者，那可能就不再是按照说教材、说学情、说目标、说过程等这样的形式去表述。

2. 表达要"分裂"

深圳市小学数学教研员李一鸣老师曾说过，优秀的说课者应该扮演好"说课的我""上课的我""学生的我"这三个角色，这样才能让人身临上课之境，犹如聆听故事般享受。所以表达的角色"分裂"同样至关重要。

3. 语言要"概括"

数学强调语言的简洁美，在高度概括的前提下又能让人明确任务、听懂教师是如何开展教学活动的，这便是说课的新高度，更能体现出教师对教育教学的独特理解。

4. 设计要"重构"

好的教学设计是说课的基础，如何把教材变得动态呈现，把有趣有味的相关素材嵌入教学，做到以生为本，根据学情制定适合的教学设计，需要重新定义或认识教学。

在"故事"中感知图形表征

——"认识图形"说课稿

尊敬的各位评委、老师：

上午好！

"立体图形王国里发生了一宗盗窃案，我们一起去看看吧！"[视频：立体图形王国里的球球有一片肥沃的西瓜地（语言慢点，画面绚丽点），可一天晚上，瓜地里来了一个小偷（画面变暗，一个黑影偷走西瓜），偷走了西瓜，球球很恼怒，于是决心找到这个小偷，这时，细心的它发现了地上的脚印（正方形贴黑板上）]。

猜一猜，小偷是谁了呢？长方体？正方体？圆柱体？学生们心里可能有各种各样的答案。这有趣的故事情境就是我今天说课内容，北师大版小学数学一年级下册"认识图形"的导入部分。（板书课题）

"认识图形"是学生已能辨认立体图形及初步感知其特征的基础，利用立体图形和平面图形的联系进而认识正方形、长方形、三角形和圆。基于此，我将从以下四方面组织学生探究和感悟。

（1）西瓜失窃，建立图形表象——体验"面在体上"；

（2）罪犯甄别，深化图形表象——感受"从体得面"；

（3）悬案侦破，形成空间观念——经历"由面还体"；

（4）美食分享，发展空间观念——寻找"物中有面"（课件出现）。

一、教学过程及设计意图

（一）西瓜失窃，建立图形表象——体验"面在体上"

根据开篇的故事的导入，我会提问："孩子们，球球想要留下居民们的脚印来比对，你能帮帮他吗？"这时学生们思维的匣子便打开了，于是我顺势而进。"你们瞧，它们也来到了现场。请根据提供的材料和合作要求，选择你喜欢的方法留下它们的脚印吧。"这时可能有的同学会说，用纸罩在这个面上，把脚印剪下来；也有的会说，往橡皮泥上一摁就有一个脚印了；还有的会说竖起来压在纸上放好，沿着底部描下脚印来；甚至有的学生会选择印泥，把立体图形的面印在纸上。学生在剪、印、描等活动中，逐步建立起四种图形的表象特征，并感受到"面在体上"的内涵，实现"三维空间"到"二维空间"的转化。

（二）罪犯甄别，深化图形表象——感受"从体得面"

"同学们，刚刚我们一起动手帮助球球留下了居民们的脚印，现在你能确定谁是小偷了吗？"

学生根据刚才操作过程中留下的脚印去判断。

这时可能有学生马上就发现了，"老师、老师一定不是三棱柱，因为它留下的不是这个（三角形贴上黑板）就是这个（长方形贴上黑板）；也不可能是圆柱，因为我们印下的是这个（黑板贴圆形）；所以我们觉得应该是正方体（把正方体贴黑板上）。"

"真的都认为是它吗？老师背后的这个立体图形也有这个面，你们看看（老师缓慢地拿出长方体，先展示长方形的面再转到正方形的面，贴到黑板上）。这样看来，这两个都有可能是罪犯。虽然我们还不能确定谁是小偷，但是这里立体图形却给我们带来了新朋友：正方形、长方形、三角形和圆。"（板书：正方形、长方形、三角形、圆。文字放在相应的图形上）。

这个环节中，学生通过动手操作，充分感受到"从体得面"，在师生对话、生生对话中帮助球球甄别罪犯，学生们不断地修正自己对平面图形的认识，在一次次的冲击中，他们越来越明晰，深化了图形表象认知。

（三）悬案征破，形成空间观念——经历"由面还体"

"为了找到罪犯，球球再次回到了现场。它发现在不起眼的地方还有小偷摔跤留下的身影（PPT出现长方形）。现在你们觉得小偷是谁呢？"

"长方体！长方体！"学生们异口同声地喊道。

"是的，它就是长方体（PPT上把穿黑衣偷西瓜的长方体掀开）。"

接下来，我还设计了帮球球学会根据脚印找罪犯的活动。如果留下的脚印是"长方形"，那疑犯可能是长方体（长方形连线长方体），还可能是三棱柱（长方形连线三棱柱），那如果是"圆形"呢？"三角形"呢？

学生们通过体会"从面到体"的过程，回忆立体图形中的每一个面，让"面"与"体"再次建立联系，实现图形特征认识的第二次飞跃，促进了空间观念的形成。

（四）美食分享，发展空间观念——寻找"物中有面"

"终于找到了小偷，但是球球并没有生气，它觉得西瓜就是要拿来分享的。它决定邀请朋友们一起到家里吃西瓜。细心的伙伴们发现球球家里有很多很多今天学到的新朋友，你们也发现了吗？"（PPT出现球球家里的场景，要有很多图形的立体场景，如有长方形、正方形等）

这时学生们发现，"门窗上有长方形""墙壁的瓷砖上有正方形"。

看来用心观察，生活中处处有数学。将课堂延伸到课外，将书本联系到生活，带给学生更大的学习和思考的空间，进一步发展学生的空间观念

二、文本解读及特色说明

（一）教材分析

一年级上册，学生已认识了立体图形，本课利用"面在体上"的特性，带领学生认识正方形、长方形、三角形和圆，为认识角、平面图形特征、线等奠定基础。从这个教学安排不难看出，从立体图形、平面图形，再到线状图形，体现了从直观到抽象，从三维空间过渡到二维空间，再到一维空间的认识过程，遵循了儿童的认知规律，符合儿童的学习特点。在本节课中，学生对图形的认识过程，体现出从三维空间到二维空间过渡的特点。

（二）教学思路

好奇、热爱探究是一年级学生的天性，因此我自始至终利用西瓜失窃案的故事情节，让学生经历"面在体上""从体得面""由面还体""物中有面"等探究活动。通过动手操作、动眼观察、动口描述，学生们充分了解了面与体的密切联系，真正地认识了这些平面图形。

（三）教学目标

基于以上教材分析及思路设想，我设定了以下学习目标。

（1）学生通过摸、印、画等探究活动，初步建立三角形、长方形、正方形和圆的图形表象，体会"面在体上"。

（2）学生经历从"体"抽象出"面"的探究过程，感受"面"与"休"的联系，空间观念得以培养。

（3）联系生活实际，体会这四个平面图形在生活中的普遍存在，感受数学与生活的密切联系。

其中，第一项是本课的学习重点，第二项是本课的学习难点。

（四）教学特色

纵观整节课设计，我认为有两大特色。

1. 学习内容情境化——玩中有悟

抓住小学生好动、好奇、好玩等心理特点，用"西瓜失窃案"贯穿整课，设计西瓜失窃—罪犯甄别—悬案征破—美食分享四个有趣的情境，小组合作玩、学生独立玩等多样形式，使学生玩得开心、玩得过瘾，并且在玩中去认识平面图形，去感悟平面图形的特性，从而使得学生的空间观念得以发展。

2. 探究活动游戏化——悟中促思

教学中注重让学生充分体验，逐步感悟，突出了学生获得知识的全过程。采用剥笋的方法，设计"面在体上""从体得面""由面还体""物中有面"层层递进的游戏活动中，从不知到知之，从模糊到清晰，让学生悟得明白，悟得到位，思维也在不断地冲击中一点点砌起来。

我的说课到此结束！谢谢大家！

（本文与海城小学周宝媚老师合写）

互 动 点 评

"认识图形"是图形与几何领域的重要内容，是学生进一步学习其他平面图形，乃至运用图形描述问题、借助图形进行直观思考的重要基础，然而平面图形十分抽象，真正地理解其中的内涵不是那么简单，但是这节课创设了一个完整的故事情境，让学生在游戏中探究、在活动中习得，可见其设计的用心，这里觉得这两点非常值得推广与学习。

1. 在故事情境中认图形

将故事贯穿全课，学生在西瓜失窃案的故事里，找到了正方形、长方形、三角形和圆，并能区分这些图形。把枯燥的教材情境变成了学生乐见喜闻故事，老师娓娓道来，学生细细品味，而后则从中发现了故事背后隐藏的知识，既神秘又有趣。这样的教学，教师显弱势，学生善学习；这样的过程，教师重引导，学生重思考；这样的设计，教师思考深，学生思维活。

2. 在游戏探究中认图形

游戏永远是小学生最喜欢的学习方式之一，然而这节课的设计不是单纯的游戏，而是游戏中是让学生带着探究的任务进行的，让学生经历直观—抽象—再创造的知识形成过程，学生探究后的发现、表述均为对新知识的再构与内化过程，者不仅促进了学生的思维培养，更是教会学生学会学习、学会思考。

在活动中体验测量的方法

——"教室有多长"说课稿

尊敬的各位评委、老师：

大家好！

"测量"是小学几何课程的重要内容，它也将为把握图形的特征奠定基础，据此我将从以下三方面展开说课：（1）文本研读与学情分析；（2）目标设立与思路陈述；（3）过程创设与特色说明。

一、文本研读与学情分析

"教室有多长"是二年级上册第六单元教学内容，是《义务教育数学课程标准（2011年版）》颁布后新增加的内容，旨在让学生通过体验非标准长度的单位测量，更好地把握测量的本质，在"做"的过程中思考、总结。

二年级的学生已经有了"长、短"的概念，能进行简单的比较，在生活中也初步积累了用自定义单位度量的经验。而新版课程标准把这一课放在认识单位"厘米"之前，也是初步培养学生的度量意识，学会度量的方法，能够用一定的方式表达和交流度量的结果，把原来生活的经验慢慢地引向标准化的、数学化的度量，从而在这样的实践中理解测量的意义。

二、目标设立与思路陈述

基于以上分析，我设定了如下三个目标：

经历用不同方式测量教室长度的过程，体会测量方式、测量工具的多样性；

积累测量活动经验，发展度量意识和能力；

在测量活动中体验合作、交流、成功的乐趣。

为达到以上目标，我预设如下教学思路：

创设情境，讨论怎样度量教室的长度（发现问题）——小组合作，探究怎样度量教室的长度（分析问题）——汇报分享，总结怎样度量教室的长度（解决问题）——练习拓展，升华怎样度量物体的长度。

三、过程创设与特色说明

（一）创设情境，讨论测量方法

"同学们，过一段时间就是元旦了，到时候各个班级都要召开联欢会。老师想买一些拉花来布置教室，可是我不知道教室有多长，你们能帮帮我吗？怎么样才能知道教室的长度呢？"

这个问题激发了学生们在日常生活中，常用的一些测量方法。例如，有的学生说"用尺子量"，有的学生说"用数学书量"。

课堂开篇创设了一个这样的情境，让学生在分享测量方法时，明确测量首先要有工具，对测量有了进一步的认识。

（二）小组合作，探究测量方法

"同学们分享了很多非常好的测量方法，你们能选择其中一种来进行测量吗？"

问题提出后，我引导以小组为单位进行探究。首先，我让同学们明确小组合作要求：（1）讨论测量从哪儿到哪儿；（2）讨论选择什么测量工具；（3）组长分工，确定测量、计数、记录的人选；（4）汇报记录结果。

测量活动开始后，学生们在量的时候可能会遇到一些问题：比如量的时候没有做标记很容易混乱；很容易忘记共量了多少次；摆放工具时有没有摆放得比较正确，等等。这些错误正好成为课堂的生成。问题出现后，我与学生们一起讨论。学生们才逐渐知道，测量时要注意哪些问题。这样的方式让学生们更能牢记于心，也让学生们学会在发现问题时去寻找解决问题的方法。

这时再次让学生们分工合作，带着正确的方法去测量和探究，学生们才是真正地在"做"中学。课堂的错误资源让教师的探究更有数学味，也使学生的学习更有目的与动力。

（三）汇报分享，总结测量方法

小组汇报环节，对于二年级的学生要求不能太高，只要汇报者敢于表达，基本说出小组的做法和想法就算完成任务，说不全的可以让其他学生补充。

我一边听学生汇报，一边根据汇报结果在黑板上填写统计表格。接下来，我引导学生观察：用一个工具可以测量出教室有多长，但是为什么大家测量的结果不一样呢？（是的，因为大家使用的工具不一样）然后让学生们回忆自己的测量过程，总结测量时需要注意的问题。

在这个过程中，学生们通过比较发现，工具的不统一会导致结果的不同，明确了测量的方法和需要注意的问题，为学习统一单位奠定了基础。

（四）练习拓展，升华结果

有了以上测量实验，学生能否将这种能力迁移到其他测量活动中呢？我设计了以下三种活动来验证。

活动一：摆一摆，看谁摆得高

组织学生们在30秒内摆易拉罐，看谁摆得高；再找两个小组到讲台上比赛；再引导学生如果把摆成的易拉罐的高度当成一把"尺"，它也可以用来测量别的物体的长度吗？多样的活动形式，让学生不厌其烦，也把测量的方法重温和进一步的引入"尺"这样的数学概念。

这个活动还借助摆易拉罐的情境渗透单位的累加思想，使学生直观感觉到：单位累加越多，量就越大。

活动二：说一说，看谁比较长

淘气和笑笑分别用回形针测量了两根木条的长，你知道谁的木条更长吗？这时通过观察学生们可能会觉得：（1）两根木条的长度都是3个回形针，所以他们一样长；（2）笑笑的木条长；（3）淘气的木条长。

这时我再组织学生们讨论：虽然两根木条都是3个回形针的长度，但是由于回形针的长短不一样，两根木条的长度也应该是不相等的，笑笑的木条长度要比淘气的长。

这里用不同的单位来测量，让学生初次体会了统一单位的必要性，为下一课积累经验。

活动三：估一估，看谁发现多

同学们，你们想知道陈老师身上的数学秘密吗？（出示：我的全身照片）让学生们先观察，再估一估我的身高大概是自己的几个头长吗？你还能知道你同桌的身高大概是他自己的几个头长吗？这两个"估"的活动，不仅能让学生兴趣浓厚，还能渗透了度量的意识，更把数学的问题与生活问题紧密地联系到了一起。

这三个活动不仅是对测量教室活动的补充，还是把非标准的测量方法进一步的完善，层层递进，让学生在摆、说、估中不断的清晰测量的方法并为以后的学习铺好了路。

纵观全课设计，我力求体现如下特色：

在"做"中学，在多样的数学活动中，学生亲身经历测量的全过程，因此在操作中、分享中学生不断积累经验、习得知识，掌握方法；

在"问"中思，全课围绕"怎么量教室长度""量的过程中要注意什么"这两个大问题，不仅给学生创设了思考、操作空间，还提供了经历、体会、积累直接经验的机会。从而学生也在不断思考中明晰测量的内涵。

互 动 点 评

回顾陈老师的课堂，以下几点让我印象深刻。

1. 读懂教材，抓住数学的"魂"来实施教学

陈老师在引导学生探索用什么测量方法来度量教室的长度的过程中，始终抓住了本节课知识的"魂"实施教学。他没有满足于学生知道的度量方法，而是步步深入，引导学生对度量方法的深刻理解，最后让学生明确了测量的方法和需要注意的问题

2. 了解学生，有效利用学生已有的学习经验

学生从生活、数学课堂中已经积累了"长、短"的概念，会比较简单物体的长短，在生活中也初步积累了用自定义单位度量的经验。《义务教育数学课程标准（2011年版）》把教室有多长一课放在认识单位"厘米"之前，目的是为了培养学生的度量意识，让学生学会度量方法、能够用一定的方式表达和交流度量的结果。陈老师在教学设计之前了解了学生的学习基础和经验，准确找到了学生学习的起点，才有了本节课精彩的设计。

3. 相信学生，引导学生自主探究

"为学生创造自主探究的空间，让学生获得自主发展"是陈老师教学的一个显著特点。小学生的数学学习应当是一个生动活泼、主动、富有个性的学习过程，学习方式也不应该是单一的以被动听讲或练习为主的方式。陈老师一上课就为学生提供了探索的问题情境，"老师想买一些拉花来布置教室，可是我不知道教室有多长，你们能帮帮我吗？"课堂上出现了"用尺子量"、"用数学书量""用脚度量"等等的一些方法，展现了学生灵活的思维和多样的方法。最后，在"摆一摆""说一说""估一估"的数学活动中，学生亲身经历测量的全过程，不断积累经验、习得知识，掌握方法。

一位优秀的数学教师一定是具有学科见识的教师，一定会从整体上把握教材，清楚数学知识的前后联系，抓住数学的本质实施教学，帮助学生建立良好的认知结构。陈老师用心践行着。

（点评教师：深圳市宝安区新安街道建安小学　赵少棠）

让身体上的"尺子"活起来
——"厘米的认识"说课稿

尊敬的各位评委、老师：

大家好！

我执教的蚂蚁修路（厘米的认识）一课是北师大版教材二年级上册第六单元测量课中的第二课时的内容。由于二年级的学生年龄小，对童话故事仍充满了向往，因此我根据教学内容将课桌有多长一课改编成学生喜闻乐见的故事——蚂蚁修路（厘米的认识）。

学生在学习此课之前，有了上一节课运用非标准长度单位测量教室长度的直接经验，对长度概念有了一些直观认识，会用"有几个什么那么长"来描述一个物体究竟有多长。由于"统一单位"不仅仅反映数学的发展，实际上对人们的日常生活、生产、科学技术进步都起着十分重要的作用。因此，在这节课中，学生将再次经历用不同方式测量物体的活动，体会运用标准单位测量的必要性，从而建立长度单位厘米的表象并初步学会测量物体的长度；为以后学习其他长度单位、正确运用长度单位进行估测或实际测量以及掌握单位间的进率夯实基础。

基于以上学生情况分析和对教材的理解，我将本节课的教学目标制定为：

（1）再次经历用不同方式测量同一物体长度的过程，体会建立统一度量单位的重要性。

（2）认识厘米，体会厘米的实际意义，初步学会用刻度尺测量物体或线的长度、画规定长度的线。

（3）通过实际测量和估计，培养观察能力，发展空间观念。

（4）初步学会合作学习，在测量活动中体验成功的乐趣。

教学中，我创设故事情境贯穿整个教学过程，从"激发兴趣—统一测量单位—认识、体会厘米的意义—估计、实际测量、画物体的长度或线"的设计思路当中，创设以下教学环节。

一、故事导入，激发探知兴趣

首先，故事导入：蚂蚁们苦于上学需要翻山越岭，于是打算在家与学校之间开辟一条新路。可是他们不知道这段路有多长，同学们愿意帮助它们吗？

此环节用故事情境的导入，激发学生探索新知的兴趣。

二、故事贯穿，建立厘米表象

在这一环节中，学生需要再次经历用不同方式测量物体的活动，结合上节课的经验，体会建立同一单位的必要性；同时，为了帮助学生认识厘米，建立1厘米的表象，学会用刻度尺测量物体和线的长度，我继续用故事贯穿整个环节，并进行以下三个活动。

活动一：体验统一测量单位的必要性

课前教师为每组同学准备一根长50cm的棍子，并告知学生这条棍子的长度也就是蚂蚁们家校之间的距离。提问：你能用哪些方法来向蚂蚁们说明这条路有多长呢？在此活动中，鼓励学生想出多种测量方法，如用大拇指与食指一拃一拃地度量、用数学书量、用铅笔测量等，而得出的数据的不统一让蚂蚁们迷糊了，从而引出需要统一度量单位。

活动二：认识1厘米

从学生自选长度单位到标准长度单位的认识，学生需要丰富的显示材料做支撑，因此本活动将通过一系列循序渐进的小活动让学生充分体会长度单位"厘米"的意义。

1. 初步认识1厘米

蚂蚁们打算和我们一起认识尺子，瞧它们搬出一把尺子。请大家仔细观察这把尺子有什么？首先找到刻度"0"，从刻度0到1，这中间的长度就是1厘米。接着让学生用食指和拇指比画一下，建立1厘米的表象。教师可以提前发给学生每人一段1厘米长的小棍，让学生用拇指和食指夹住小棍，感知两指之间的缝隙是1厘米。在这个活动中，学生把尺子上的1厘米"搬"到自己的指尖上，学生会立感新奇而兴奋，寂静的课堂即刻鲜活起来。

2. 尺子上的1厘米

在初步感知1厘米的基础上，继续让学生闭上眼睛想一想，1厘米有多长？再对照尺子想一想，尺子上还有哪段也是1厘米长？最后，启发学生发现：尺子上每一大格的长度都是1厘米。

3. 身边的1厘米

请学生找一找、比一比，在我们身边或自己的身体上，哪些物体的长度大约是1厘米。学生可能找到自己食指的宽度大约1厘米，拇指的指甲盖的宽度大约是1厘米，校服上的纽扣直径大约也是1厘米，橡皮的厚度大约1厘米等。所找到的这些现实材料，不仅能使学生对"厘米"这个抽象的长度单位形成清晰的表象，而且方便学生在日后运用这些材料对一些物体的长度进行估测。

活动三：认识几厘米

学生不能仅局限于掌握"1厘米"概念，还需要对更长的长度进一步认识。

在修路的时候，蚂蚁们发现横跨在家与学校之间的小河上有一座桥，由于年久失修，桥上的栏杆都坏了，于是，他们决定修复栏杆。

1. 从"0"刻度到数字几就是几厘米

第一天，勤劳的蚂蚁们就修好了一段栏杆。课件出示这一段栏杆的长度是从0刻度到刻度3。那这段栏杆多长呢？学生有的马上得知是3厘米，也有的学生需要一格一格地数，累加得知3大格是3厘米。

2. 大的刻度数减小的刻度数，得几就是几厘米

第二天，蚂蚁们加快了进程，修的长度比第一天的长。课件显示第二段

栏杆是从刻度3到刻度7。那这段栏杆多长呢？通过数大格的数量或者用后面大的刻度数减前面小的刻度数，也就是7－3＝4（厘米），可以得知第二段栏杆是4厘米。

3. 测量栏杆的全长

第三天，蚂蚁们终于把桥修葺完毕。课前教师为每一位同学准备一根10厘米的小棒，告知学生这根小棒的长也是栏杆的全长，同学们先仔细观察、再估计它的长度；接着引导学生要知道小棒究竟有多长，必须进行测量。如何使用直尺正确测量出物体，是本节课的重点，也是难点，因此，在测量的过程中，务必引导学生注意小棒的一段对准0刻度，另一端对着几，小棒的长度就是几厘米。在此活动中，不仅初步培养学生的估测能力，同时也让学生初步学会测量的方法。

三、故事延伸，掌握测量方法

小蚂蚁为上学而修路的事情传遍了森林，森林里的一些动物们纷纷伸出援助之手，帮助小蚂蚁完成修路的大任务。

瞧，谁来帮她们呢？你知道它们的"身高"吗？

（1）看图读一读，这些物体有多长。

图1   图2

毛毛虫弟弟的身长是（　　　）厘米。　螳螂大哥的身高是（　　　）厘米。

图3

蜻蜓姐姐的身长是（　　）厘米。

以上几个小练习巩固了学生能正确认读物体的长度。

（2）擅长木工的小熊也帮助蚂蚁们，可是它在测量木板的长度的时候却出现了问题，你们能帮帮它吗？哪种测量方法是正确的呢。

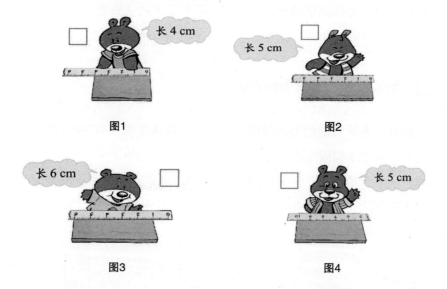

此练习为学生提供观察、辨析的机会，纠正了一些学生对于测量过程中会出现的错误，再次提醒学生测量物体长度的操作要领和正确度量长度的方法。

（3）在大家的帮助下，路修完了，那这条路有多长？教师再次出示50厘米长的棍子。请学生估测棍子的长度。接着，同桌合作测量，提醒学生注意当小棍超过尺子，要在尺子上做记号，再从记号处开始测量。这个练习为学生提供估测较长物体长度的机会，也在之前测量的基础上加深难度，掌握度量较长物体长度的方法。

（4）为了庆祝修好了这条路，准备在桥上插上漂亮的彩旗，但现在还插旗杆，请同学们选择喜欢的颜色画出长为4厘米的旗杆。此时教师引导：画线时，要注意从尺子的0刻度开始画起，是几厘米长的线就画到尺子上几厘米的地方。

本节课到此，学生经历了由量到画、在量与画的过程中，进一步巩固测量方法及对厘米的认识。

四、故事回顾，总结提升新知

同学们，喜欢这个故事吗？通过这个故事你收获了什么了吗？你会像小蚂蚁那么勤劳吗？

回顾本节课所进行的教学活动和收获，培养学生的反思意识和概括归纳能力。

纵观整个教学环节，我抓住学生的学习特征，用故事激发兴趣，吸引他们真正参与到学习中，乐此不疲地探究着，仅培养了乐于助人的精神，又让学生在活动中真正地理解了"厘米"，并发展了空间观念。

谢谢，我今天说课完毕。

（本文与深圳市宝安小学陈小玲老师合作撰写）

互 动 点 评

日常生活中，许多学生已经接触过尺子或厘米这个长度单位，但对它们的理解是肤浅的、零散的。本课，小玲老师为学生创设了一个喜闻乐见的故事情境和良好的探索求知环境，并且在不断积累活动经验中去完善自己对"厘米"的认识，是节有趣、有味的数学课堂。整课中我们可看到有如下明显特征：

1. 故事为引子，活动为药方，把"厘米"剖析得透彻

低年级的学生还保持着童真，故事不仅能让他们对课堂有着向往，还能让他们对学习保持着兴趣。这里用故事引发学习"厘米"的必要，通过故事和多样的活动帮助学生认识厘米，并利用身边的"尺子"进一步巩固学生对厘米的认识和体验，从中建立厘米的表象。无论是厘米的认识还是厘米的运用，陈老师都是用故事与活动贯穿其中，让学生乐此不疲的探究、思考和分享。这个就是学生热爱学习的药方，学生喜欢了，那认识"厘米"就更为透彻了。

2.关注学情，注重细节，把"厘米"营造得有趣

课堂中老师注意了学生的学习背景的分析，设计上不仅是以学情为出发点，还能承上启下，把比较长短、运用非标准测量单位的基础知识为铺垫，进而认识厘米。教学中注重每个活动的细节，比如认识1厘米，陈老师通过初步认识1厘米、尺子上的1厘米、身边的1厘米这样层层递进的细节把难点分散，让学生在理解、体验和观察中加固对厘米的认识。测量活动也一样，不仅关注测量的方法，还留意了测量的细节和注意的问题。细节注定成败，而这里也恰恰是关注了学生、注重了细节才让课不仅有趣，还有效。

这节课以低年级学生的年龄特征、接受能力和认知规律为设计的基准，改变了传统教学单纯认识长度单位的做法，利用了有趣的故事、层层递进的活动，给学生提供了观察、操作、思考、讨论、比较的机会，引导学生一步步认识厘米和理解厘米，从中使"厘米"真正的烙在学生的心里

空间观念在认知冲突中发展
——"一米有多长"说课稿

尊敬的各位评委、老师：

大家好！

"教室有多长"为学生的测量奠定了基础，"课桌有多长"又让学生对测量单位有了初步认识，因此学生有了认识尺子刻度的能力和短距离的测量经验，再认识"米"，心理和知识都有了储备。而这节课教学重点则是引导学

生用自己已有的知识和经验自主地探究新知、感受新知与运用新知灵活地创造性地解决身边的数学问题。让学生在认、比、估等活动中形成"米"的概念，建构"米"的表象，发展"米"的空间观念。

据此分析我设定了如下教学目标：

（1）在观察和测量活动中认识米，建立1米的长度观念，掌握1米＝100厘米。

（2）能测量出整米长度的物体，能估测物体长度，能选择恰当的单位表示物体的长度。

（3）培养合作能力和动手操作能力，并感受测量在生活中的重要意义。

为了实现以上的三个目标我设计了这样的教学过程。

一、生成"米"，感受学习米的必要

为了引出学习"米"这个测量单位的必要性，我在复习旧知中抛出问题："同学们，上次课我们学会了厘米，还能用直尺来测量一些物体。今天老师想给我们的黑板也装饰一下，给它围上花边，但我不知道它有多长，你们能利用所学的方法试一试吗？"

这时，可能很多学生想到了直尺测量，我鼓励他上台展示，但是却花费很多时间也只度量了一部分，于是我再提问："你们觉得这样测量怎么样？有什么感受？"学生们可能会觉得："太麻烦了，直尺太小了…"。因此我顺势利导，当我们测量这样比较长的物体的长度时，可能要利用更大的测量单位，那我们这一节课就一起来认识"米"吧，从而展示出米尺和揭示课题。

这个环节让学生有冲突，然而认识更大的测量单位"米"则是顺其自然的了，学习有了这样的目的和驱动力，那兴趣也就不减反增了。

二、认识"米"，明晰米的度量关系

"那一米究竟有多长呢？你再仔细地对比一下直尺和米尺有什么发现？"学生通过观察发现，两把尺子上都有很多刻度，于是我又组织学生再寻找直尺和米尺中的1厘米，而且在米尺中有非常多的1厘米，小组交流后学生可能会发现了米尺里有100个1厘米，于是1米＝100厘米也就在学生的脑海中初步烙下印记。

这个过程让学生在观察、比较、合作中自主探究得到了米与厘米间的关系，学生由始至终都是活动的主导者，在这样的经历中对于"米"的认识又在更深一层。

三、体验"米"，建构米的完整认知

对于抽象的概念"米"，学生要真正地理解并非易事，于是我设计如下的活动让学生在亲身体验中建立完整认知。

（一）做一做，用没刻度的"尺"建立"米"的长度观念

小组合作，用米尺量出1米长线（彩带）。每个学生都拉一拉线的长度，感受一下一米的长度大约是多长。没有了刻度的"尺"更能激发学生的估测的意识和提供估测的能力。

（二）比一比，以身体的"尺"体会"米"的实际意义

你能利用我们刚刚做好的"尺"，比一比我们教室里、身体上还有那些是1米的吗？让学生在身边找，这时可能学生发现他们两只手臂伸开的长度、教室里方砖……的长度大约都是1米。是的，当我们没有了尺子怎么办？身体上的这些尺子可能就能帮上我们的忙了。一句提醒把学生这把身体上的"尺"又植入了测量的工具中，这就才是真正的学习，因为这是生活之能。

（三）估一估，靠隐形的"尺"发展学生的空间观念

要让学生来判断物体的长度就最难的，但却也是最重要的，因此让学生来估一估小明和机灵狗的高度（课本试一试的估一估）那对于学生的空间观念是大有帮助的。利用现成的尺或身体上隐形的尺是估测的实物长度是生活必备之技能：小明身高是门高度的一半，机灵狗身高是小明的一半……这些

也从中培养了学生的分析问题和解决问题的能力。

四、运用"米"，完善米在生活中的应用

要把"米"这把尺子植入学生脑里，并能运用到生活中，让数学从生活中来到生活中去不是件简单的事情，为此必要的练习不仅能巩固知识还能提升与完善知识的外延。

（一）估一估

大概多少支铅笔的长度是1米呢？摆一摆后再拿米尺来验证一下，看看我们估测的差距多大。你还能找到其他的一些物体长是1米的吗？

通过这个环节，再次让学生利用身边的物体来理解厘米和米的实际意义，让其在体验中把抽象变得具体。

（二）填一填（用米和厘米填空）

（1）铅笔长约17（　　　）　　　（2）橡皮长约3（　　　）

（3）旗杆高约8（　　　）　　　（4）房子高约3（　　　）

（5）毛巾长约60（　　　）　　　（6）丝瓜长约35（　　　）

通过这样的问题，引导学生选择恰当的单位表示物体的长度，从中理清厘米与米的关系与区别，发现了长度观念，体验到了它们的实际意义。

（三）看图，猜一猜

在这个猜的活动中学生再次对米和厘米有了更深刻的理解，也在脑海里建立了较为完整的表象。

"米"是一个抽象的概念，要理解和运用它并不容易，因此我坚持以"体验"作为手段，在"做"的活动中去生成"米"、认识"米"、体验"米"和运用"米"这样的思路中将其逐层剥笋，真正把"米"在学生脑海中生根，建立深层的表象。

纵观整课我力争体现如下特色：

用矛盾点燃学习的导火线，让理解和体验突破教学的重难点，以运用来完善和发展学生的空间观念。让学生在活动中玩得有效、悟得深刻。

互动点评

学生有了比较长短、非标准单位测量、认识厘米的知识储备后再认识"米"，这是一个循序渐进的过程，但要真正地在学生脑海建立表象却也不易，因此陈老师抓住了这个主要矛盾，课堂中注重学生的亲身体验、关注学生空间观念的发展，可看出有如下特征。

1. 在活动中让学生感受统一"量"的必要性

为什么要学习"米"呢？那是因为有需要，当"厘米"这个单位不适合测量黑板的长度时，那就要用合适的、新的测量单位"米"。通过这样的环节来生成"米"，不仅让学生有了求知的欲望，也有了探究的兴趣，更有助于学生对测量本质、标准长度单位和测量结果的理解。

2. 经历不同的测量活动体会"量"的意义

单位是测量的前提条件，但要把这个单位在学生脑海中发展成一种观念或是能较好地运用，就得让学生经历不同的活动，这节课中我们看到了这点。陈老师让学生在做米尺中建立长度观念，在比身高中体会其实际意义，在估的活动中发展空间观念，也把隐形的"尺"植入学生意识中。把抽象、枯燥的概念变成可触摸、可感受、可理解的活动，并使之在主动建构中慢慢形成自己的认知。

3.生活中的操作练习发展"量"的空间观念

在"估""填""猜"三个巩固练习中，学生的空间观念再次得到了发展，也恰好在这样的活动中使学生的想象力得到了锻炼、概念在学生的认识中加深和建构起来。这里还有意把学生已有的生活经验与知识联系起来，让学生体验到了生活中处处有数学，数学是我们生活中最重要的工具。

总之，这节课为学生提供了一个具有体会、感悟、思考的场景，让学生不断在活动中认知，不断在活动中发展。

（点评教师：深圳市宝安区西乡街道流塘小学　汪姗姗）

"分类"概念在操作活动中落地生根
——"整理房间"说课稿

尊敬的各位评委、老师：

大家好！

"整理房间"是义务教育教科书北师大版小学数学一年级上册第四单元"分类"的第一课时内容，下面我将从三个方面展开说课：（1）文本研读与学情分析；（2）目标设立与思路陈述；（3）过程创设与特色说明。

一、文本研读与学情分析

"整理房间"属于四大板块中统计与概率的内容。此课要让学生知道分类的标准，学会简单的分类，并且通过活动感受到分类的过程就是对事物共同属性的抽象过程。它将为一年级下册"分扣子"教学奠定学习基础，也为二年级下册教学积累了收集、整理数据的活动经验，是学生学会对数据进行初步整理和分析的重要前提。本课不仅要渗透分类思想，还力求把学生生活中零碎的认识上升为规范的数学知识。

大部分一年级学生在生活中，已经能根据事物的颜色、形状等非本质特征进行分类，但还不能综合地考虑问题并以事物"共同属性"为标准来分类。因此，以生活中的"乱与不乱"为切入点，把学生凭借直觉的生活经验通过观察、对比、讨论等内化为以"标准"为基础的分类思想。

二、目标设立与思路陈述

基于以上分析，我设定如下三个目标。

（1）通过观察、对比、动手等活动，能够把物品按照指定的标准进行分类，初步体会分类标准。

（2）通过各种形式的分类，体会分类的过程就是寻找物体共同属性的过程。

（3）让学生感受分类在实际生活中的作用，养成有条理思考问题的习惯。

其中学会对物体进行分类的方法，体验单一标准下的一致性，是本课的教学重点。

学会按照事物共同属性或自定标准进行分类是这节课的教学难点。

为了达到以上目标，我预设了如下的教学思路：

本课，学生初次接触统计方面的知识，我根据他们的年龄特点，从他们的日常生活中选材，以凌乱的房间为学习背景，让学生通过"比""分""找""整"的活动感知分类的意义，并学会按自己确定的标准对同一组事物进行分类的方法。

三、过程创设与特色说明

（一）比一比，体会分类的"必要"

同学们，笑笑他们班一年一度的"我是劳动小能手"的评比要开始了，究竟花落谁家呢？一句开场白把学生们的学习兴趣激发了，个个都想探个究竟，个个都想知道谁会获得这个"殊荣"。

接着，我将展示笑笑整洁、干净的房间照片，并让学生们说感受。这个"不乱"的情境图让他们也对自己的生活习惯进行了对比。看到了有良好习惯的笑笑后，我又领着学生走进了淘气凌乱的房间。"好乱啊！""怎么他的东西都是乱放的呢？"……这时学生都迫不及待地发出了自己的评价。在产生了极大的落差后我接着问："你喜欢谁的房间啊？"学生讨论后发现整洁的房间能让人住得更舒服，于是我追问："你认为怎样整理会使房间变得整洁美观呢？"从而引入了"分类"概念，并让学生先初次体会"共同属性"的重要。

这里极大的视觉落差、有趣的问题情境，不仅引发了学生的思考，也体验到了分类在生活的重要作用。

（二）分一分，感受分类的"标准"

"同学们，假如你是淘气，你会怎么样整理你的房间呢？想一想，然后跟同桌说一说。"

学生根据自己的生活经验与对照笑笑房间的摆放，想到把共同属性的物体放在一起，例如把衣服整理在一起，把书籍叠放在一块，把球类放在一起……在充分的交流、讨论中初步形成了分类的"标准"。唯有自己动手探究所得的知识才是最深刻的，我把淘气房间里的物品做成了图片无序地贴在黑板上，让学生们根据刚才说的把它们分一分，这时可能会出现了不同的分类，让学生们说一说自己的分类标准，不仅让学生体验了分类会伴随标准的变化而变化，还感受了分类的多样化。

接下来我创造"反向"的分类情境，让学生根据我的标准给黑板上的物品再分一分类，这里让学生更深层次地思考自己分类的"根据"，对"分类"的理解则更为全面与具体。

这个环节，学生们在分中发现问题，在分中明晰分类，在分中升华认知。

（三）找一找，探究分类的"方法"

有了以上的铺垫，我为此设计这样的巩固练习：

（1）找出不同类的物体。给花儿、图形、水果、生活用品等分类。

（2）找一找生活中的一些分类。（班级里有分类，我们可以按男女分、按头发长短分、按着装分；家里也有分类，衣柜里裤子与上衣分开摆放，碗柜里碗筷碟也分开放好……）分类在我们生活中无处不在。

学生体验了更多的分类，也感受到了分类与生活的密切联系，更进一步地认识到物品的内部属性对于分类的重要性，由此实现了分类的"标准"认识的第二次飞跃，并从中掌握了分类的方法，积累了活动的经验，渗透了分类的思想。

（四）整一整，巩固分类的"标准"

这个环节，为了让学生感受分类在日常生活中应用的普遍性与必要性，我设计了"分一分：把你书包的东西整理一下"。这里我先给学生们出示一张凌乱的书包的照片，让学生评价一下，引导学生要养成良好的生活习惯。然后再布置这一课后作业：你还可以根据这节课所学的内容给你的书包分一分类吗？把课堂延伸到了课后，把探究学习带回到家里。这让学生直观的接触，也感受到了数学无处不在。

纵观全课设计，我力求体现如下特色：

（1）以教材为基础，以生活为原型，注重细节处理与问题情境的设计。

（2）以活动为载体，以分享为手段，注重亲身体验与活动经验的积累。

教育心理学家皮亚杰指出：认识既不起因于主体，也不起因于客体，而是主体与客体之间的相互作用。因此，像分类如此抽象的内容唯有让学生在活动中体验，在体验中感悟，才能牢记于心。

互动点评

分类是一种重要的数学思想。这是分类思想的一节启蒙课，开展的分类活动较为简单，要求学生把一些原来无序的物品进行分类整理，然而陈老师却时时处处地让学生"悟"数学思想，积累数学活动经验。学生通过"比一比""分一分""找一找"三个环节，亲身感受分类是需要一个标准的、体会分类在生活中的作用、掌握分类的方法,也许还能学会用分类的数学眼光去认识自己所在的环境与社会。本课设计的以下两点最值得我欣赏。

1. 取材学生熟悉的生活,帮助学生体会分类的必要

数学思想离不开具体数学,陈老师首先选用教材中的房间情境,然后再让学生对花儿、图形、水果、生活用品等进行分类。唤起学生已有的生活经验,让学生在熟悉的数学生活场景中感受分类的必要性,也便于学生操作交流。

2. 充分经历分类的活动,在活动中逐步体会分类的思想

陈老师的说课让我感受到他注重以学生的数学思想形成为目标,让学生在数学活动过程中感悟数学思想。本课使学生充分参与活动,动手分类,如把淘气房间里的物品做成了图片无序地贴在黑板上让学生上台动手分类,让学生在教室里寻找物品进行分类等,经历这样的过程,学生对"分类"思想的认识要比教师直接讲结论效果优秀得多。分类的思想在教学中反复出现,学生反复理解,从模糊到清晰,从理解到应用,认知水平螺旋上升。

陈老师这一课在注重紧密联系学生的生活实际的同时,帮助学生将无意识的活动够转变为有形的知识,使学生感受到数学就在身边!数学,是生活的数学!

(点评教师:深圳市宝安区西乡街道流塘小学 陈海芳)

操作中学 交流中悟
——"左右"说课稿

各位评委、各位老师:

大家好!

一、教学过程

（一）趣味生活，引入"左右"

孩子们，你们知道体育课上会发生什么事情吗？（播放视频：体育课，向右转，结果有的学生向左、有的向右，引发笑话。）怎么都笑呢？原来有些的小朋友分不清左右，上体育课闹笑话啦，看来"左右"经常发生在我们身边，"左右"多重要啊！这个有趣的生活例子，就是我跟一年级小朋友一起学习"左右"的导入片段。（板书课题）

一年级学生在左右一课中主要学习：正确分辨左右，并理解其相对性，运用左右解决实际问题。我主要从以下五个教学环节，引导学生在轻松愉快的氛围中学习知识（展示课件）。第一个环节是：趣味生活，引入"左右"。这一环节设计的就是刚才那有趣的生活片段，这一环节，可以有效地激发学生的学习热情，并让学生深刻感受到学习"左右"的必要性。带着这份热情，我们进入第二个环节——自主探索，认识"左右"。

（二）自主探索，认识"左右"

这个环节，我承接上面片段。"小朋友，如果让你来转，你能转对吗？"学生个个热情高涨，我让全班学生都来参与，原地起立，我发口令，"向右——转！向左——转！"学生有的转对，有的转错！我请转的最有自信的学生来给大家说说怎么知道左和右的。学生可能会说："我妈妈告诉我这边是左，这边是右""吃饭的时候拿碗的这只是左手，拿筷子的这只是右手""我看我的手，左手这边是左边，右手这边是右边"。这时，我引导学生总结发现：我们最熟悉的双手能够来帮我们认识左右。左手方向就是我们的左边，右手方向就是我们的右边。（板书）接着，我让全班学生一起挥挥左手，又挥挥右手。再说说左右手的用途，加深对左右手的印象。这一环节，我充分发挥学生的自主性，让学生教学生，老师做适当引导，在探索中帮助学生把左右方向与最熟悉的双手建立起联系，为学生认识左右搭好"脚手架"。

（三）亲身操作，巩固"左右"

有了初步认识后，我们进入第三个环节，亲身体验，感受左右。这个环节，我分层次设计了三个活动平台：找—做—摆。对找这个活动，我充分利用学生身边的教学资源，让学生以自己的左右手为依据，先找找自己身上的左右，再找找生活当中的左右，大量的感性材料丰富了学生对左右的认识，也感受到数学就在我们身边。第二个活动：做。我让学生都来当机器人，我是指挥员，发出口令："摸摸你的左脸，用你的右手拍拍你的左肩……"等等一系列的有关左右的口令。让学生快乐的动起来，亲身体验，充分感受左右。第三个活动：摆。"恭喜小朋友都成为合格的机器人，现在，机器人面临新任务啦：我会摆"学生准备好铅笔尺子橡皮擦等文具，"请你把铅笔摆在桌子的中间——把尺子摆在铅笔的右边"，等等，我用左右提示每一件物品所摆放的位置，学生根据要求摆出相应物品。有趣的操作情境，让学生在摆的过程中，逐步体会到同一样物品，其左右位置是相对的，初步理解多个物体之间的左右关系。接着，我让学生根据已经摆好的物品，说说谁在谁的左（右）边，这锻炼学生用语言正确描述物体间左右关系的能力。这一环节，以机器人为主要情境，先是简单地找左右，再是用自己的行动实践左右，最后是在摆文具中运用左右、说左右，由易到难，循序渐进，让学生们在快乐的数学活动亲身经历知识形成的全过程，在亲身体验，充分感受中锻炼他们的操作能力，观察能力和语言表达能力，巩固和发展左右方向感。

（四）拓展新知，体验"左右"

经过以上三个环节，学生对左右有了比较好的认识，现在，该是拓展的时候啦。"刚才的任务大家完成得非常出色，决定奖励机器人一个藏宝盒，看看宝盒里藏了些什么宝贝？哇，原来是五福娃呀，我们一起用右手向五福娃们打招呼吧。"等学生都把右手高高举起时，我转身走到前排的学生跟前，"我们举的右手怎么不一样啊，是你们举错还是我举错啦？"学生可能会说，"有可能是我们错了""我觉得是老师错了""我觉得老师没有错，刚才她就是用这只手写字的"。所有思维都堵在这里，我开始引导学生，"我们再重新仔细地回想一下，刚开始，我是在哪儿，怎么举起这只手的？现在呢？"细心的学生就会发现，原来我在这中间转了一个身。"转一个身会有什么变化吗？跟我们的左右有关系吗？"我先让学生小组内讨论，然后全班交流。学生可能会说"如果你转回去，我们的右手就一样了"，也可能会说"你转一个身，右手也跟着转，这样我们的右手就不一样了。"最后，我引导学生归纳总结：转身使得我和学生由原来的同一方向变成相反方向，当我们相反方向时，左右也是相反的。

最后，出示一张图片，"他们都是靠右走吗？"由于学生与上楼梯的小朋友相同方向，所以都认为他们是靠右走；而对于下楼梯的小朋友，由于与学生方向相反，有一部分学生认为他们走错了。这时，我在教室里以走上讲台和走下讲台为模拟情景，让学生自己靠右走一走，引导学生在行走中体会：由于上下讲台时方向是相反的，所以靠右走自然也就靠在相反的一边。该活动在体验相对性之余，教育学生养成良好的交通习惯！

这一环节，巧妙的设疑，激发学生的求知欲望，学生通过自主探讨、实地体验和老师的适时引导，亲身经历"猜测—验证—数学解释"的过程，初步体会左右的相对性。

（五）走出教室，运用"左右"

为了让学生能更好地学以致用，我把他们带出教室，在整个学校这个大环境中实地运用。先让学生说说自己的左右方向都有哪些建筑物，再提出目的地："我们要往图书馆，该怎么走？"我带领学生一起走，每走到一个十字路口，都先让学生说一说要往哪一边走，学生有可能指这条路线（课件），也有可能指这条路线。不管走哪条路线，只要学生能说清楚方向，我们的要求就达到了。这一环节，我别开生面，让学生到室外实地运用，拓展学生的视野。让学生行走一些简单的路线，经历了方向的变化，把"左右"知识综合运用起来。也让学生感受到数学来源于生活，并运用于生活。

二、课堂解读

（一）教材分析

各位老师，各位评委，以上描述的是"左右"的整个教学过程。"左右"这一课是安排在北师大版小学数学一年级上册第六单元的内容，是"图形与几何"领域的启蒙知识，一年级学生以前对左右有一定的生活经验，但不一定分清楚左右，缺乏比较规范系统的知识。这节课主要通过多种有趣的数学活动，让学生体会左右的意义，理解其相对性，能运用左右解决实际问题。也是以后学习辨认方向，观察物体的基础。为此，我设立了教学目标。

（二）教学目标

主要内容是：（1）领会左右方向的意义，理解其相对性。（2）特别是能运用左右知识来解决简单的数学问题，提高学生解决问题的能力。（3）同时通过大量的有趣活动，培养学生对数学的积极情感，提高学习兴趣。教学难点是：理解左右的相对性。

（三）教学主线

我以让学生亲身体验，合作交流，自主探讨，即时运用这一主线进行教学，根据一年学生爱玩好动的特点，我始终以生动有趣的数学活动为载体，如机器人游戏，摆文具，寻宝藏，五福娃等，以学生自主、老师引导为主要教学形式，让学生在轻松快乐的氛围中发展学生自主学习的能力。

（四）教学特色

这节课，生活与知识相结合，游戏与思考相碰撞，让学生在大量的数学活动中玩得尽兴，学得透彻，悟得明白！

（本文与宝安区宝城小学吴晓燕老师合写）

互动点评

数学源于生活，又高于生活。"左右"一课便是要将学生们生活中零碎、粗糙的生活经验升华为准确的数学知识和规范的的数学表达方式。吴老师很好地把握和领会了教材的意图，以有趣的生活片段导入引发思考，再让学生通过体验辨认与纠正自己的旧知，纵观整课有如下特点。

1. 以活动为载体，激发学习兴趣与数学思考

《义务教育数学课程标准（2011年版）》指出："思想的感悟和经验的积累仅仅依赖教师的讲授是不行的，更主要的是依赖学生亲自参与其中的数学活动，依赖学生的独立思考。"这便可见为学生提供具有思考价值的数学活动是多么重要。而这节课，无论是生活例子导入还是寻宝活动，始终以活动为载体，让学生们在活动中不断地发现问题、交流探究、思考形成自己对"左右"的理解。这个过程，学生们不仅学习兴趣高涨，数学思考也伴随着这个学习过中自然的流淌。

2. 以体验为手段，提高教学效果与学习能力

自己探究与获得的知识是理解最为深刻的，像"左右"这样的空间位置知识更是只有让学生自己去感受、体悟才能真正形成较完整的认知，而不是表象的、肤浅的。因此，吴老师充分地让学生举手、按口令左右转、摸左脸、拍右肩、摆物体、寻宝藏等一系列的体验，不仅深刻理解了"左右"，更是突破了"左右"的相对性的问题，教学效果便不言而喻。学生们在自己的体验、分享、阐述中自己的学习能力也不断地得到了锻炼，这也是意料中的收获，因为这真是我们新课程改革中提倡的理念。

整节课，老师大胆开放设计问题联系生活实际，以趣引人，以问促思，让学生在活动中学习，在学习中感悟。

在"变"与"不变"中研究三角形内角和

——"三角形内角和"说课稿

各位评委、老师，大家好！

我说课的内容是三角形内角和。

课前思考：本节课，学生需要学什么？有什么基础？有什么困难？

课堂中，我是怎么解决这些问题的呢？我将从以下四个方面展开我的说课。

一、深挖教材意图，重构教学设计

三角形内角和是北师大版小学数学四年级下册第二单元第三节的教学内容，属于"图形与几何"中"图形认识"部分。此前，学生已经掌握了角的度量，也认识了三角形的分类与特性。本节内容是对三角形认识的深化，教材让学生通过量一量、拼一拼、折一折等活动验证推理三角形的内角和等于180°的结论，对中学进一步学习多边形的内角和起着重要作用。为满足不同学生的认知需求，我重构教学，力图让教学有趣更有味。

二、细思学生基础，调整传统教法

根据以往的教学经验，此时，也有部分学生已经知道了三角形内角和等于180°的结论，但往往他们是知其然而不知其所以然。传统的教学，测量有误差，拼和折也存在缝隙，而且验证的三角形的个数是有限的，虽然学生记住了三角形内角和等于180°的结论，但是有些学生始终不相信所有三角形的内角和都等于180°。在此，我调整了教学策略，利用新媒体技术和数学文化知识弥补传统教学的不足。

三、预设课堂生成，优化学习活动

根据以上分析，我采用了"导—探—用"的教学策略。

（1）导：情境引入，制造冲突。

"同学们，胖胖和瘦瘦本来是一对好朋友，可是今天他们吵架了，怎么回事呢？"在点拨什么是内角、内角和之后。我自然地引入了课题——三角形内角和（板书：三角形内角和）"同学们，你们觉得胖胖和瘦瘦谁说得对呢？怎样验证你的想法？"有趣的问题情境紧紧抓住了学生们的注意力，而且制造了一个认知冲突，学生们迫不及待地想解决这个问题。

（2）探：设计三次活动。

活动一：动手操作，主动验证

学生思考、交流后，利用课前准备好的学具，以小组为单位，进行验证活动，并汇报交流。可能会有以下几种情况：有的小组用量一量、算一算的方法，他们把胖胖和瘦瘦的三个内角量出来，再相加，来计算三角形内角和。（板书：量一量，算一算）对于这种方法，我会重点关注学生在测量时的精确程度。有的小组可能会用剪一剪、拼一拼的方法，他们把胖胖和瘦瘦三个内角剪下来，拼起来。（板书：剪一剪，拼一拼）对于这种方法，我会关注他们怎样转化三角形内角和。还有的小组，会用折一折、看一看的方法，他们将三角形的三个角折起来，看一看，会形成什么（板书：折一折、看一看）。通过以上三种方法，他们都得到了胖胖和瘦瘦的内角和都是180°。

当然，可能有些小组量出来的内角和不是180°，对于这种情况，我会让学生了解测量误差产生的原因，引导他们精确测量、减少误差。还有的小组怎么折也折不出平角，我会让学生进行充分的辨析与讨论，说一说问题产生的原因，再让成功的学生进行演示，让学生帮助学生，改进他们的验证方法，让全部学生获得成功的体验。

在这个环节中，学生进行操作、验证，获得了一定的探索经验。

活动二：媒体辅教，直观验证

"同学们，刚才我们验证了胖胖和瘦瘦两个三角形的内角和都是180°，那这些三角形的内角和都是180°吗？"有学生可能会提出："老师，只要我们验证出了锐角三角形、直角三角形和钝角三角形的内角和是180°，就能证明所有三角形的内角和就是180°。"对这种不完全归纳的方法我会充分肯定，但是可能还是有学生持怀疑态度，这时，我再引出新媒体技术来进一步验证。"同学们，正如刚好那位同学所说的，只要我们验证了锐角三角形、直角三角形或者钝角三角形的内角和是180°，我们就能充分地验证，任意三角形的内角和都是180°。你们看，三角形的形状和大小都在发生改变，它的角度也在发生改变，但唯一不变的是这三个内角的和还是180°。"

这个环节我紧紧抓住"变"与"不变"大做文章，让学生们进一步体会三角形的内角和与其形状、大小并无直接关系。

活动三：文化渗透，严格证明

"同学们，聪明的你已经非常接近我们的数学家了，你们的发现就是数学家帕斯卡的发现，你想知道他是怎么验证得到结果的吗？我们一起去看看。"

在此，我会介绍帕斯卡的验证方法：从任意长方形的内角和推导出直角三角形的内角和，再利用直角三角形的内角和推导出锐角三角形和钝角三角形的内角和。这一环节的设计，渗透数学文化的同时增加演绎推理成分，使学生真正信服——三角形的内角和就是180°。（板书：是180°）

以上教学，融教法与学法为一体，让学生学得生动、主动、创新。

（3）用：学以致用，综合运用。

最后，进入教学策略中"用"的环节。在这个环节中，我设计了以下层递性的练习：

①谁是三角形的一家人？这道题让全部学生再次巩固、强化"三角形的内角和等于180°"的结论。属于保底性练习；

②真相大白。枯燥的练习有趣化，既巩固了新知，又提高了学生学以致用，综合运用的能力。

四、紧扣课标精神，发展数学思维

本节课要实现的学习目标包括以下几点。

掌握三角形的内角和是180°并灵活运用这一知识解决相关问题；

经历操作验证、直观验证、严格证明等探索过程，获得一定的探索经验，发展数学思维，这也是本节课的教学重难点；

体会学习的乐趣，乐于探究与交流。

本节课，学生在寻找验证方法的过程中体验探索新知的快乐，领悟了转化、归纳、演绎推理等数学思想方法。这也体现了"方法重于知识，过程重于结果"的课标精神。

我的说课到此结束，谢谢大家

（本文与深圳市建安小学赵少棠老师合作撰写）

互动点评

对于刚刚认识各类三角形，还只知道三角形有三条边和三个角的四年级学生来说，让他们自己探索出三角形的内角和是180°可并不是件容易的事儿，就算是通过各种方法，特别是测量的方法来证明其内角和为180°，因为误差的问题，可能最后还是有一些学生会存在疑惑。而这节课调整了传统的教法，利用数学文化与信息技术等多样化证明手段，让学生进一步的确信三角形的内角和就是180°。整节课有如下亮点。

1. 学习过程活动化

新课标提出：老师应向学生提供充分从事数学活动的机会，帮助他们在独立探索与合作交流中真正理解和掌握基本的数学知识与技能，数学思想与方法，获得广泛的活动经验。这节课采取了一系列量一量、拼一拼、折一折等活动，最后还利用电子白板进一步地验证"三角形内角和为180°"这一结论，让学生体验到三角形形状变化但是内角和不变的这一过程，让学生们在活动中感悟，活动中体验，活动中收获。

2.探究方式个性化

不同的学生之间存在着个性差异，让每个学生在数学课堂上得到不同的发展，是我们共同的目标。本节课的探究活动里，思维水平低的学生可以直接量一量得出，思维水平高的学生能用转化的思想推理得出，每个学生都找到了适合自己的探索方法，这样实现了不同的人在本节课得到不同的发展。而且不同层次的学生在生生交流、师生交流的过程中不断填补自己的缺陷，促进自己的思考，这就是教学的追求。

第四节 内化教学思想，在磨课中锤炼

　　磨课，是指集中团队智慧反复打磨与推敲教学方式和内容，侧重于"磨"的过程，磨后有"宝剑锋从磨砺出，梅花香自苦寒来"的幸福与蜕变。那么磨课"磨"什么？怎么"磨"？

　　磨课要"磨"教学的准备与执行，"磨"课堂的预设与生成，"磨"师者的理念与机智。教师通过磨课对课标、教材，及学生、课堂都有了更好地掌握，在一次次的打磨中，对教育教学有了更深入的研究和理解，专业素养也得到飞速提高。

教学要"保底"，还是"开放"

——基于不同教材设计的同课异构效果比较

新一轮的课程改革中，"同课异构"成为备受推崇的教研方式。因为"同课异构"在对教材的理解与教学方法的设计上强调"同中求异、异中求同"，所以不同的教师对同一教材内容有不同的处理，不同的教学策略产生不同的教学效果。"同课异构"为教师提供了一个探讨教学热点、难点的平台，能引发参与者的智慧碰撞，深化各自对教学的认知。

广东省王栋昌名师工作室组织了以"分数的再认识"一课的为主题的"同课异构"活动，其中广州卢君娥老师基于人教版教材进行设计，深圳罗宜填老师基于北师大版教材进行设计，呈现了精彩的课堂，也引发了我的思考，下面撷取几个片段与大家分享。

一、认识"整体"，侧重不同，效果各异

（一）卢老师教学片段

师：喜欢玩游戏吗？今天我们一起来玩"说一不二"的游戏，你们能说一说生活中哪些物体的个数可以用"1"表示？

生1：1个苹果。

生2：1个人。

生3：1个班级。

生4：1个世界。

……

师：今天说的"1"和以前说的1有什么不同？

生：以前学习的就是表示1个物体，现在也可以表示一些物体。

师：是的，一个物体、一些物体我们把它都统称一个整体，也叫单位"1"。（板书）

师：那现在有8个苹果，用圈圈圈起来表示什么意思？（再次巩固单位"1"）

生：把8个苹果看成一个整体，表示单位"1"。

（二）罗老师教学片段

师：今天老师给大家带来了一位老朋友，猜猜它是谁？（出示3/4）

师：是谁呀？3/4可以表示什么？请举例说一说。

生：把一个蛋糕分成4份，其中的3份就是3/4。

师：那能用你喜欢的方式来表示3/4吗？你可以比一比，画一画，说一说，演一演。（学生独立思考、汇报）

学生展示：

师：同学们表示3/4的方法真是多种多样，不过还真是有些神奇了，为什么都可以用3/4来表示呢？

生：都是表示把它们平均分成了4份，其中的3份。

师：那这个图形，你有什么办法让人一看就明白涂色部分就表示这组图形的3/4。

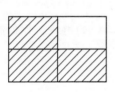 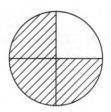 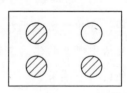

生：……

师：你们是怎么知道这几个就是它的3/4的？

生：把12个小圆分成4份，每份3个，3份就是9个。

师：不管我们平均分的是对象是物体还是图形，是一个，还是多个，我

们都称为"一个整体"！像这样子，把一个整体平均分成若干份，取其中的1份或几份，可以用分数表示。（板书）

思考：三年级时，学生已经对分数有了初步的认识，对单个物体或多个物体的几分之几有了一定的了解，特别是对1个物体或图形。这里两位老师都紧紧围绕本科的重点与难点（理解"整体"）上大做文章，但卢老师的一牵一引，一问一答，太过于求稳，学生不能放开思维去发散和思考；罗老师虽然能给学生们营造一个开放的课堂氛围，但是重点放在了一个物体或多个物体的探究上，这或许低估了学生的能力，基于学生的学习能力和教材的本意或许应把探究放在12个小圆处，这样更能使课堂精彩、学生对整体"1"的理解更深刻，既能把将要学习的内容与原有知识建立联系，也能真正地体现以生为本。当然，这或许以教材风格有关系，人教版以"稳"为主，更趋向"保底"，北师大版教材虽然具有"灵性"，但对教师解读教材的要求高，因此每个教师的解读可能都存在差异。

二、理解"整体"，融会贯通，紧绕重点

为了让学生真正地理解整体"1"，两位老师都围绕重点设计了很多递进关系活动来减低难度帮助学生理解。

（一）卢老师教学片段

活动1：看图说分数，并说说表示的意思。（学生说一说图中阴影部分表示整体的几分之几）

活动2：看图想分数，并说说表示的意思。（学生由图中6匹马想到了分数1/6，1/3，1/2，2/3，……）

活动3：创造分数，分一分，涂一涂。

一、创造分数，把下面的图形分一分、涂一涂，创造出自己喜欢的分数。

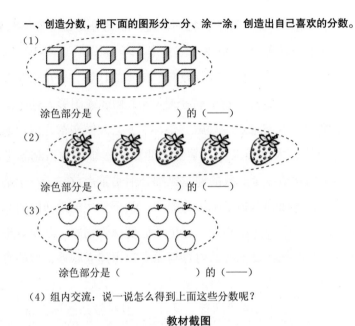

（1）

涂色部分是（　　　　　　　）的（——）

（2）

涂色部分是（　　　　　　　）的（——）

（3）

涂色部分是（　　　　　　　）的（——）

（4）组内交流：说一说怎么得到上面这些分数呢？

教材截图

（二）罗老师教学片段

活动1：拿一拿（你能从每一个信封袋拿出彩笔总数的1/2吗？），邀请4名学生上台拿彩笔，发现生1拿出的是2枝，生2拿出的是3支，生3和生4拿出的是4枝，引发学生讨论为什么拿出的都是1/2，为什么数量不一样？

活动2：辨一辨（杜云看了《童话故事》总页数的1/3，蔡靖看了《数学世界》总页数的1/3，他们看的页数一样多吗？为什么？）。

活动3：画一画（一个图形的1/4是 ，画出这个图形），学生画，教师巡堂发现有代表性的资源进行分享：

生1：　　　　　生2：

师：你们看了这两种有什么想说的吗？（利用错误资源让学生与学生间进行相互的评价，不断的引导出正确的想法）

思考：卢老师的几个活动都紧紧围绕着单位"1"，学生们对单位"1"的理解是十分深入的，但是整个过程学生太过于被动，老师已经基本都预设到学生能生成什么样的资源，使得课堂少了一份"灵性"。罗老师为学生提供分享的平台，生成资源丰富，也更多地呈现出学生的原生态的认知，并且善于利用错误资源，让学生在辨析中不断地明晰整体"1"的意义，整个过程更显得开放与以学定教。一次次的分享，一次次的思维碰撞都来源于学生的生成与创造，让课堂更具"灵性"与"和谐"。两节课设计上差异不小，但是都不忘抓住数学的本质，让学生在活动中去发现和体验整体"1"的意义，与旧知识建立联系，为新知识设下铺垫，但在新课程改革的今天，或许我们应该换个角度去审视学生，多点放手，或许收获的更是精彩。

三、升华"整体"，举一反三，突破难点

（一）卢老师教学片段

拿糖果游戏（有9颗糖果）。邀请两位同学上台拿糖果，第一位拿全部的1/3，第二位拿剩下的1/3，他们两个拿的糖果一样多吗？（不一样）再请一位同学上台拿走剩下的1/2，现在第二位和第三位同学拿走的糖果一样多吗？（一样）

（二）罗老师教学片段

（1）站一站。邀请1个同学站起来，请学生先后说出这位同学占小组人数、大组人数、全班人数、全年级人数、全校总人数的几分之几。

（2）选一选。

① 一根圆棒的 $\frac{1}{3}$ 是 ▬，这根圆棒是下面三根中的哪一根？

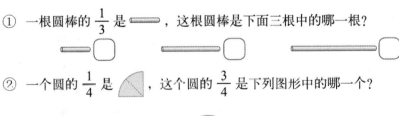

② 一个圆的 $\frac{1}{4}$ 是 ◢，这个圆的 $\frac{3}{4}$ 是下列图形中的哪一个？

思考：卢老师注意从"整体"的变化去升华学生对这一知识的理解，罗

老师注重从整体变化再到由部分去联想整体，各有千秋，但他们都注重与生活的紧密联系，在思维的碰撞与辨析中内化新知，形成技能和思考能力，真正的培养了学生的思维和思考问题的方式方法，都使得难点得到了突破。

通过对两节课的细细品味和教材的对比研究，在新课程改革的今天，我们的数学课堂究竟需要的是什么？我觉得这两节课有如下几点值得思考：

（1）课堂中"牵"与"放"如何取舍。"牵"与"放"两种不同的教学方式，对大多数学生都有效，但在学生思维品质培养上存较大差异。"牵"的方式，使学生的思维趋于小心、拘谨、内敛；"放"的方式，使学生的思维更加大胆、自由、奔放。因此"放"的方式，更加能够打开学生的思路，利于学生聪明才智的发挥，利于激发学生思维的开放性、创造性，让学生能真正掌握解决问题的方法。这是新课程改革的重点，让学生主动学习。

（2）教学中"保底"与"开放"如何齐肩并进。教材的解读真的需要智慧，我们可见人教版教材条理清晰，脉络自然，始终围绕单位"1"与分数单位这两个重点难点展开，教学过程中照顾到每位学生；北师大版教材以"情境＋问题串"的形式呈现，处处灵活、开放，但是处理不好将会让学困生束手无策，因此教学的设计要在围绕教学的重难点展开，从学生的生活经验和已有知识出发，注重学生自主探索培养，营造开放、分享、合作的课堂氛围，锻炼学生的发散思维，使学生在课堂中百花齐放，迸发出思维的火花。

"大问题"是数学课堂的精髓

——"组合图形的面积"一课两次教学的对比与思考

《义务教育数学课程标准（2011年版）》课程目标由双基拓展为四基，并明确提出发现问题、提出问题能力的培养，这些都让我们感受到，当前数学学科更多关注学生的学习需要，数学教学更强调过程性的目标的达成。那么，教学的活动应该从"问题"开始。问题是数学课堂的心脏，但是解读教材并提炼出重要的"大问题"、把握问题提出的时机、把问题做大做实、启发学生参与活动，并非易事。下面我以北师大版五年级上册组合图形的面积一课两次教学为例，谈谈自己的一些思考。

一、第一次教学设计

（一）旧知导入，为新授奠定基础

谈话：看到大屏幕就知道今天我们要学习的内容了吧？（研究与图形的面积有关的问题）

跟学生一起回顾基本图形（长方形、正方形、平行四边形、三角形、梯形）的面积计算公式。引导学生思考图形与图形间的关系，埋下"转化"思想的种子。

提问：你觉得这些图形间有什么联系吗？在这个过程中你还有什么感受想说一说吗？

设计意图：通过复习旧知，让学生能初步的理解利用"转化"思想处理平面图形是一个很重要的手段，也为接下来的学习奠定基础。

（二）问题引思，让新授更具探究

1.情境引问、估算图形

谈话：小华也遇到了有关面积的问题，我们一起来看看吧。

出示小华家客厅的平面图。

提问：这个图形长得不像我们以前学习的基本图形，你会算吗？

设计意图：引导学生先估算面积。

2.独立探究、寻求方法

谈话：那如果现在我们要知道它的准确面积，你能怎么做呢？

请你们独立思考一下该怎么做，也可以和同学互相讨论，还不明白的话也可以举手请老师帮忙。

提问：你要怎样处理这个图形？（在学习卡的图形中表示出来）

你能想到尽可能多的方法处理这个图形吗？

3. 赏析思路、汇报方法

预设：几种方案。

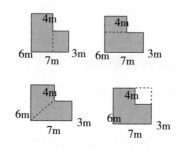

学习卡附图

（1）让做法如上图的学生先汇报。

（2）把图形分割成三个、四个基本图形，小结对应做法的好处。

（3）挑一些没有分割成基本图形的做法，小结这样的做法不可取。

（4）总结：处理这个图形，是为了方便计算，还得尽可能地分割成简单、数量少的基本图形。

4. 明晰方法，渗透思想

（1）引导学生把上述的几种方法分类（提问：你们再仔细观察一下，这些方法有什么共同点吗？如果让你来分类，你会怎么分？）

（2）展示老师通过割补的方法把图形转化成梯形（提问：这样的做法是否适用于任何图形呢？）

（3）谈话：刚刚我们把这个图形转化成了一些基本图形，换个角度这个图形就是由这些基本图形组合而成。（补充课题：组合）

（4）总结：与学生一起梳理整个推导过程，让学生明确这些组合图形可以通过分割、添补、割补等方法转化成基本图形，这就是处理这类图形的主要手段。

（5）引入刘微的出入相补原理。（以盈补虚法）

思考：这个设计看起来并无不妥，学生在学习过程中掌握了解答这类题目的方法，在某种程度上它体现了教材的编写意图，预设到了学生会出现的一些情况。但再深入思考，这节课在我的"精心"铺垫和强势的介入下，使学生的思考大打折扣，思维也并不是真正的动起来。因此在做好这次教学前有几点是我们需要思考的。

1. 要关注"教"还是"学"

这节课的设计看似体现出了学生的"学"，学生有自主探究的时间、有自主分享的权利，但是在整节课中我很好地把控了学生的所有想法，并引导、归纳，学生是动起来了，但是思维却并没有最大化地被开发。《义务教育数学课程标准（2011年版）》把基本活动经验作为四基之一，是为了让活动体现其价值，而不是为了活动而活动。

2. "问题"该如何用

设计中出现了很多问题，但是这些问题并没给予学生思考的价值，好的教学应该是把教学做"简单"，把问题做"难"，让问题引领课堂、带动学生的活动、促进思维的培养。从教材中解读出"大问题"是十分必要的。

3. 学生的错误资源怎样处理

设计中错误资源并没有得到很好的运用，应该先展示学生的错误资源，让学生的思维发生冲突，再慢慢辨析，这样才能最大程度关注到后进生，并增加课堂的思辨性。教学活动应该从学生的角度思考问题，而不是教师想当然，该怎样就怎样。

二、第二次教学设计

根据以往的学习经验，利用分割、添补的方法处理这个组合图形，对大部分学生来说不存在问题。教师在教学中容易忽略的就是计算和处理图形之间的重要联系。其实我们处理图形就是为了计算的简便，这样处理这个图形才有意义，那就要涉及方法的最优化。

核心问题：怎样才能准确、快捷地求得这个图形的面积？

（一）抛出问题，直奔主题

（1）谈话：对于平面图形的面积我们已经学习了不少，今天我们再一起来研究跟图形面积有关的问题吧。

（2）引起注意：小华最近被面积的问题困扰着，我们能帮帮他吗？

（3）出示情境：小华家买了新房，计划给客厅铺地板。（先出示客厅平面图，再动态呈现各条边的数据）

（4）抛出问题：它不是我们学过的图形，怎样才能求得这个图形的面积呢？

设计意图：删除复习铺垫环节，是为了让学生开动思维去回顾。出示图形时可造成较大的视觉冲突，这样学生更能把注意放在这个图形上，会想办法处理图形。

（二）自主探究，解决问题

（1）不计算，先估一估这个图形的面积。

（2）独立探究、寻求方法。

①提出问题：怎样才能准确、快捷求得这个图形的面积呢？

②学生独立思考解决问题的办法，并在学习卡上完成。

③老师巡查，寻找不同的方法，预定好学生汇报的顺序。

（3）汇报分享、优化方法。

①展示没有分割成基本图形的方法，让学生发现问题并评价。

预设：这样方法不能求得图形的面积。

小结：看来处理这个图形还是有技巧的，不能随心所欲分割。

②展示把图形分割成了三个、四个甚至更多基本图形的方法，让学生感受计算和评价。

预设：计算起来比较麻烦。

小结：这样的方法并不能让计算变得简单，你还有别的方法吗？

③展示利用分割、添补的方法得到两个基本图形的方法，让学生对比分

析，感受这样的做法有什么优点。

预设：这样的方法使计算也变得更简便。

小结：看来处理图形是为了使计算变得更简单，所以我们的图形的处理不是为了割补而割补，而是为了更好地计算。

（4）明晰方法、渗透思想。

①现在你能说说我们刚刚是怎样求得这个图形的面积的吗？

②小结：是的，刚刚我们不仅学会用分割、添补等方法把这个图形转化成了基本图形，并且感受了转化中也有很多的奥秘。（渗透转化思想）

（5）完善课题、拓展资料

①谈话：刚刚我们把这个图形转化成了一些基本图形，换个角度这个图形就是由这些基本图形组合而成。（补充课颢：组合）

②介绍新方法"割补"，可把这个图形通过割补变成了梯形的方法。

③小结：组合图形能通过一切手段"转化"成基本图形求得面积。

④补充刘微的出入相补原理（以盈补虚法），增加数学文化渗透。

思考：把教学内容变得简单，把问题设计得有深度，注重细节的处理，充分利用课堂错误资源，教师弱势介入保证师生、生生的有效对话，这才是理想的智慧课堂，这时老师的"愚笨"恰恰就是智慧。这节课看似变化不大，却放手让学生自己去探究问题，由始至终围绕大问题"怎样才能准确、快捷求得这个图形的面积"进行活动，通过不断的改进活动，学生们自行对自己的方法加以修正。

处理这个图形不难，但是选择合适的处理方法是难点。学生要明白分割、添补活动不是为了分割、添补而进行，而是为了方便计算铺垫。这样的呈现方式，学生更能接受。他们知道了怎样准确地求得图形面积、怎样最快捷地得到图形面积。这样的层层递进的方法，生生对话的思维碰撞，最大程度上完善了求得面积的过程。可见问题不需多，关键要让学生明白主要问题是什么。这个问题将引领整节课的探究，也是学生学习的总目标。

磨中促成长　比后知不足

——"什么是面积"一课磨课体会

教师专业成长的途径很多，但是通过比赛磨课是最为扎实和高效的。因为在磨课过程中不仅能让教师对教材有了更深层次的解读，对课堂有了更机智的调控，对学生也有了更到位的预设。下面我截取同事执教"什么是面积"一课的磨课片段，分享自己的成长。

一、停留在文本表面解读的教学

师：同学们，你们能比较这两个图形面积的大小吗？（一个很大的三角形和一个很小的正方形）。

生：我一眼就看出来了，三角形的面积比较大，把他们放在一起（重合的意思）就可以了。

师：是啊，像这样比较明显的，我们一下就比较出来了。你们再看看这两个，哪个大呢？（一个正方形和一个长方形，很难一眼判断）

生1：我觉得正方形大。

生2：我觉得一样大。

学生们不断争辩。

师：老师很欣赏你们都有独立的思考，但是你们不能只是用争辩的方式，还得用证据来说服对方。老师给你们准备了一些学具（硬币、方块、方格纸、剪刀），你们自己尝试一下。操作前我们先看看要求。

（1）每个小组在组长的带领下先讨论好利用什么工具和怎么用这些工具；

（2）想好后动手摆或剪，然后把你们的结果放在白色卡纸上。

学生们讨论，操作后汇报。

生1:摆硬币,正方形可以摆9个,长方形可以摆8个,所以正方形面积大。

生2:摆方块,正方形可以摆9个,长方形可以摆8个,所以正方形面积大。

生3:我们是用方格纸覆盖在图形上面,正方形有36格,长方形32格,所以也是正方形面积比较大。

生4:我们是用剪的方法,把长方形放在正方形上面,把多余的剪下再放在上面再剪,发现最后正方形上面还有一个空的地方,所以正方形比较大。

上完后,我总觉得这样的课堂少了点什么,是课堂冲突、思维碰撞,是汇报的顺利还有待改进,无从说起。当我再重温视频时,才发现我仅停留在教材表面的理解,只是让学生去思考用什么工具探究,而不是让学生同时思考为什么要用这个工具。也就是只让学生们弄明白结果而不是重视过程和方法,因为工具的提供就已经把学生的思考局限在怎么去用上了。因此学生并没有掌握解决这个问题的方案。此次我只授之以鱼,而非授之以渔。

二、挖掘教材和站在学生立场后再次教学

争辩后出示操作要求:

(1)小组先讨论用什么样的工具;

(2)想一想为什么要选择这个工具,选这个工具有什么好处,组员间说一说;

(3)再想一想怎么用这个工具,然后把你们的成果放在白色卡纸上。

学生思考讨论后动手操作。

师:真棒!方法很多,下面我请一些组上来汇报。(先挑选了用剪的方法)

生1:我们是用剪的,把长方形剪成正方形一样大小,再放在它上面比较,(指了指白色卡纸上的图形)现在长方形没铺满,所以正方形大。

师:说得真好,其他同学还有问题吗?我有一个问题,能问吗?

生1：（有些迟疑）可以啊。

师：为什么用剪的方法呢？而且剪的时候为什么一定要对齐正方形剪呢？

生1：（有点为难，停顿片刻）我们之前在学习比较线的长短时，是借助小棒摆放在线上，现在我们把长方形也当成小棒，不断地放在正方形上面，要完全铺满。

这个学生的想法事先我并没有意识到，本来这里我是想引导他们说清楚"因为要完全重合就得把长方形剪得跟正方形一样长，这样才能比较"，可这样的生成却让学生的理解更深刻，还有了知识的建构过程。

师：说得太好了，不仅把我们之前学的知识用到了新知识上，还学会去选择这样方便的工具，掌声送给他们组。

生2：（可能受到刚刚那一组的影响）我们量线的长短用的是尺子，现在我们用方格纸，把它摆放在这两个图形上面，正方形36格，长方形32格，所以正方形大。

一次知识的唤起激起万层浪，让这一组的成员也明白了这样标准化的比较是借用了像"尺子"这样的工具，确实让人信服。而摆硬币和方块是类似的道理，因此我想把这两个汇报放在一起后再与学生们思考其中的原因。

生3：我们是用摆方块的方法，正方形可以摆9个，长方形可以摆8个，所以正方形大。

生4：我们是用摆硬币的方法，正方形可以摆9个，长方形可以摆8个，所以正方形大。

师：这两种方法有没有什么联系？

生5：方法很像。

师：那你们为什么会想到用硬币或方块的方法呢？这样摆好吗？（这时我找了一位成绩比较差的同学，这样才能检验是否真的都懂了）

生6：我觉得这样摆不好，还要摆出去一点（指摆超出边线）

师：是啊，怎么就一定要这样摆呢？像他这样摆也可以啊。

生4：如果像你们说的这样摆就不是原来图形的大小了，比原来的要大。

师：哦，看来我们还得摆成的是一样大的，这样才是比较原来的图形的大小。

这个学生又帮了我一次，让同学们再次深刻理解了比较大小时不仅要用工具，还得注意使用方式。

看来对教材的解读和研究还远远不够，对学生的生活和学习经验也得有超前的认识和预设。在这样变化无数的课堂上，教师的教学智慧也需要培养，这次比赛和磨课过程让我成熟不少，无论是语言、体态还是对教材和学生的解读都有所长进。

磨课后方知课该怎么上，比赛后才能找到自己成长的道路。

"绘"数融合，本质与有趣齐驱并进

一以"认识图形"学习活动为例

当前对数学绘本的使用多重在"读"，那么如何利用数学绘本中生动有趣的故事情境来弥补数学知识的枯燥与抽象呢？

在绘本与数学知识之间搭起一座桥梁，既尊重了数学的本质，又增加了学生的学习兴趣，让学生在有趣的故事情境中探究，在探究中去体验与感悟数学思维，实现基于教材知识体系的"骨上添肉"的目标。

下面我以北师大版一年级下册认识图形一课为例，简要概述设计的意图。

课前思考：认识图形是基于学生已认识了立体图形，利用"面在体上"的特性，进而带领学生用去认识正方形、长方形、三角形和圆，要求体现从三维空间到二维空间过渡的特点。而如此抽象的内容如何让学生准确掌握？如何开展有效的探究呢？

教材设置的情境不能引起学生的兴趣，而且没有整体性，《谁偷走了西瓜》这个绘本故事给了我很大启发。我对故事情节进行了有效改编，融入更多数学知识，让绘本为学生的学习服务，利用西瓜失窃案的故事情节，让学生经历"面在体上""从体得面""由面还体""物中有面"等四种学习活动，让学生在完整的故事情境中去探究和思考。

一、西瓜失窃，建立图形表象——体验"面在体上"

师：立体图形王国里发生了一宗盗窃案，我们一起去看看吧。

播放视频（立体图形王国里的球球有一片肥沃的西瓜地，可一天晚上，瓜地里来了一个小偷，偷走了西瓜，球球很恼怒，于是决心找到这个小偷。）

师：通过刚才的视频，猜一猜，小偷是谁了呢？长方体？正方体？圆柱体？

设计意图：此时学生们心里可能有各种各样的答案，但是老师不急于揭示答案，而是顺势感受故事情境的发展，让学生的探究欲望得到激发。

师：孩子们，球球想要留下居民们的脚印来比对，你能帮帮它吗？

预设1：画下来。

预设2：印下来。

师：你们瞧，它们也来到了我们的现场，让我们根据提供的材料和合作要求，选择你喜欢的方法留下它们的脚印吧。（提供立体图形、橡皮泥、印泥、剪刀等工具。）

预设1：用纸罩在这个面上，把脚印剪下来。

预设2：往橡皮泥上一摁就有一个脚印了。

预设3：把立体图形印一下印泥再印在纸上。

预设4：把立体图形放在纸上，沿着边描出来。

……

学生们选择喜欢的方式动手操作，描下了正方形、长方形、圆形、三角形几个平面图形。操作如下图所示。

设计意图：学生带着帮助球球的想法去动手，把看似简单的操作活动变得有目的、有计划，更让活动变得有趣有味，并且在剪、印、描等活动中，逐步建立起四种图形的表象特征，并感受到"面在体上"的内涵，实现"三维空间"到"二维空间"的转化。

二、罪犯甄别，深化图形表象——感受"从体得面"

师：孩子们，刚刚我们都一起动手帮助球球留下了居民们的脚印，现在你能确定谁是小偷了吗？

预设1：一定不是三棱柱，因为它留下的是三角形或者长方形。

预设2：也不可能是圆柱，因为我们印下的是圆形。

预设3：因为留下的脚印是正方形，所以小偷应该是正方体。

师：那可能是长方体吗？（拿出长方体展示，如下图所示）

再通过仔细地观察，很多学生恍然大悟，也可能是长方体，因为这个长方体上也有正方形。

设计意图：学生通过观察从体上抽象出来的面，再将其与西瓜地里留下的脚印进行对比，这时就把体与面建立起了初次的联系。而且通过动手操作这个环节，充分感受"从体得面"的过程，在师生对话、生生对话中帮助球球甄别罪犯；而学生在不断地修正自己对平面图形的认识，在一次次的冲击中，越来越明晰平面图形的特征，深化了对图形的表象认知。

三、悬案征破，形成空间观念——经历"由面还体"

师：到目前为止，球球还是不能确定正方体和长方体间究竟谁是西瓜大盗，看来我们还得帮帮它。

师：为了找到罪犯，球球再次回到现场，它仔细寻找后发现：在不起眼的地方还有小偷摔跤留下的身影（长方形），那现在你们能确定谁是小偷了吗？

预设：学生们异口同声地说出正确答案。

师：球球还想如果确定是这些脚印，那能快速地找到小偷吗？还有，如果脚印是三角形或是圆形呢？

预设：通过刚才的分辨经验，可能很多学生都能很快地把面还原到立体图形上，于是都能找到是三棱柱和圆柱。

设计意图：上一个环节是从体中得到面，而这里是把面又还原到立体图形中，实现了思维的双向转变和碰撞，这促进了学生的空间想象，让学生体会到"面"又回到了"体"上的整个过程；而他们的脑海中也不断地去浮现和回忆立体图形中的每一个面，让"面"与"体"再次建立联系，实现了图形特征认识的第二次飞跃，使空间观念在思维冲击下形成。

四、美食分享，发展空间观念——寻找"物中有面"

师：球球高兴极了，因为它不仅抓到小偷，还学到了新知识，于是它决定邀请朋友们一起到家里分享美术吃西瓜。

预设：学生也都满怀羡慕，学习热情未消退。

师：可是回到家后，细心的它发现原来它的家里也有今天我们学到的新朋友哦！你发现了吗？

预设：钟面是圆形的，柜子有长方形……

师：那我们的家里，我们的学校里有我们的新朋友吗？你能说一说吗？

预设1：教室的门窗上有长方形。

预设2：墙壁的瓷砖上有正方形。

预设3：我们吃饭用的碗里有圆形。

……

设计意图：把枯燥的练习变成了有趣的问题情境，变成了不像练习的练习，而学生却乐在其中，孜孜不倦，也体验到了用心观察，我们生活"处处有数学"。其效果是把课堂延伸到了课外，把书本联系到生活，带给学生更大的学习和思考的空间，从而进一步发展学生的空间观念。

教学特色：好奇、热爱探究是一年级学生的天性，因此在教学上自始至终利用西瓜失窃案的故事情节，让学生经历"西瓜失窃"—"罪犯甄别"—"悬案侦破"—"美食分享"一环扣一环的探究活动；再通过动手操作、动眼观察、动口描述等活动，让学生们充分体验面与体密切联系，真正地认识这些平面图形。纵观整节课设计，我认为有两大特色。

1. 学习内容情境化——玩中有悟

抓住小学生好动、好奇、好玩等心理特点，对教材进行结构和重构，设计"西瓜失窃案"的故事情节贯穿整节课，四个环节自然流畅，内容呈现丰富有趣。连串的情景持续激发学生们的学习兴趣，随着故事的推进，学生们的学习也在逐步推进，使学生玩得开心、玩得过瘾，并且在玩中去认识平面图形，去感悟平面图形的特性，从而使得学生的空间观念得以发展。

2. 探究活动游戏化——悟中促思

教学中注重让学生充分体验，逐步感悟，突出了学生获得知识的全过程。采用剥笋的方法，设计"面在体上""从体得面""由面还体""物中有面"层层递进的游戏活动中，从不知到知之，从模糊到清晰，让学生悟得明白，悟得到位，思维也在不断的冲击中一点点砌起来，让学生玩得开心，悟得到位，也在体验中去认识图形，发展思维，让智慧之花跳动在学生的手指尖上。

"折一折"也有大学问

——基于三角形内角和课例的思考

"三角形内角和"是北师大版四年级下册第二单元内容，也是课标教材"空间与图形"领域的重要内容，属于结论的验证与推导的教学。教师们都清楚要在课堂的教学中设计让学生体验、感悟的活动，通过学生亲自动手操作，感悟和体验结论的推导过程。但是我们的教师们有些时候对于活动的设计意图和教材的理解却不是真的很到位，对于知识的延伸和与后续学习的联系不太注重，也因此在一次青年教师课堂中出现了下面一幕。

一、课例片段回放

活动："折一折"

师：同学们，刚才你们在折的过程中，老师也挑选了一些，我们一起看看。（老师展示一些学生正确的折法，并让这些学生汇报交流。）

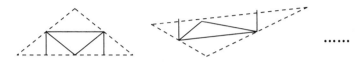

师：同学们，你们太棒了！我们发现只要把三角形的三个内角折一折，就成一个平角，因此三角形的内角和为180°。

到这里老师以为这个环节就结束了，但是这时候有个学生发出了提问。

生1：老师，我怎么折不到呢？（学生展示）

师：哦，孩子，折的时候折痕都要与下面的底边平行。

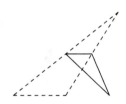

生2：老师，我的折不到。（学生展示钝角三角形）

教师迟疑了一下，有些反应不过来。

师：孩子，你看刚刚我们的同学是怎么做的呢？

要先把这个大的角折后，再折小的角。

这时学生有些怀疑，但还没搞清楚为什么。

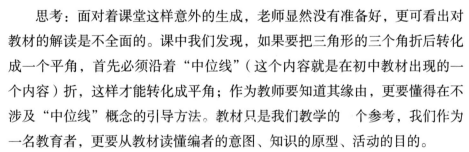

思考：面对着课堂这样意外的生成，老师显然没有准备好，更可看出对教材的解读是不全面的。课中我们发现，如果要把三角形的三个角折后转化成一个平角，首先必须沿着"中位线"（这个内容就是在初中教材出现的一个内容）折，这样才能转化成平角；作为教师要知道其缘由，更要懂得在不涉及"中位线"概念的引导方法。教材只是我们教学的一个参考，我们作为一名教育者，更要从教材读懂编者的意图、知识的原型、活动的目的。

折一折，其实一点都不简单，不仅要注意到"中位线"问题，还要注意其他的一些问题。对于钝角、直角三角形这样的图形都必须先把大角沿着中位线折，要不就出现了上面学生的情况：折到了图形的"外部"，那样就不能折成一个平角了。但是教师留意到了吗？预设到了吗？他们往往认为折一折就是把三个角转化为平角，就是像教材给我们的那样的折法，这样就能检验了内角和是180°的结论了，可却没有意识到"折一折"也蕴含着大学问，蕴含着教师对教材的理解、对学生的预设。因此我对这个环节做了修改：

二、片段再设计

师：孩子们，刚才你们折得很认真，也有很多不同的折法，现在老师抽取了部分同学的作品与大家分享一下，想看吗？

老师先收集了没有沿着中位线折的、钝角和直角三角形没有沿着大角的中位线折的一些图形。

先解决沿着中位线折的问题：

师：孩子们，怎么他们的作品不能验证我们的结论呢？为什么呢？谁能帮帮他？

生1：我发现我们能折成一个平角的图形，形成的都是一个长方形。

师：真棒，他的回答给了我们什么启发了吗？

生2：我觉得我们折的时候折痕都要与下面的底边平行，而且这个角的顶点要与这条底边重合。

师：太棒了！是啊，我们一起看看不同的图形，（展示一些正确的折法）只有当折痕与下面的底边平行，我们才能折出一个平角，所以我们折的时候是不是要注意折法呢？

学生们对于折法的理解有了进一层的认识。

解决钝角和直角三角形：

师：展示钝角和直角三角形的一些不能折成平角的图形，你们看看，有什么特征吗？

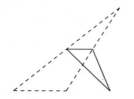
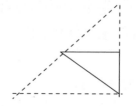

生1：这些图形沿着那个角折时都折到了图形的外面了，或者刚好与直角重合在一起，都折不成平角。

生2：但是我发现直角三角形可以把两个锐角折成一个直角，两个直角也是180°。

师：孩子，你的观察太仔细了，还能思考，真棒！

展示并引导对于钝角、直角三角形要沿着最大的角的中位线折，这样就能折成一个平角了。

思考：这样的设计虽然没有让学生们超前地去接受"中位线"等比较难理解的概念，但是却让他们了解了为什么要这样折，为什么只有这样折才能转化成为一个平角，学生们还会去寻找更多的解决方法，这不就是我一直在追寻的课堂吗？只要我们多关注，多去解读教材的意图，多去琢磨学生的真实想法，我想课堂一定会更精彩。

一名优秀的教师，是个能读懂教材、读懂学生、读懂课堂的引导者和策划者。他能根据教材的意图设计让学生从"犯错"到逐渐明晰，营造让学生能有思维碰撞的氛围，创设让学生思考和质疑的情境；还能把握好课堂的生成，特别是错误资源。这样才能上出让学生喜欢、真正学习到知识的课程。

玩中学 学中悟
——"认识图形"教学设计

教学内容：北师大版一年级下册第四单元。

教学目标：

（1）让学生在活动操作中体验"面"在"体"上，对长方形、正方形、三角形、圆有一定的感性认识，知道这些图形的名称并能识别。

（2）通过摸、找、画、说、摆等活动，使学生初步体会到解决问题的方法和策略的多样性。

（3）在活动中培养学生的探索意识和协作精神，发挥学生的想象力和创造性，发展学生的空间观念。

　　教学重难点：区分立体图形和平面图形及特征；体验"面"在"体"上。

　　教学准备：立体图形学具、多媒体课件、平面图形、印泥等。

一、激趣引入，感受"面"在"体"上

　　师：孩子们，我们在语文课中认识了"雪地里的朋友"，今天我们的数学课堂的雪地里也来了一群小朋友，想认识它们吗？

　　课件展示雪地里的几个小朋友：长方体、正方体、圆柱体、三棱柱。

　　师：谁给大家介绍一下我们这几个老朋友呢？

　　生：它们分别是长方体、正方体、圆柱体、三棱柱。

　　师：下面我们跟这些老朋友握握手吧，请小朋友摸一摸这些物体的面，再说一说有什么感觉？

　　生1：平平的。

　　生2：滑滑的。

　　师：孩子们，我们这几个淘气的老朋友玩耍的时候也把它们的面留在了雪地里了，我们一起来看看吧。

　　课件展示动画：长方体印出长方形、正方体印出正方形……

　　师：这些平平、滑滑的"面"，就是我们今天要研究的"平面图形"（板书：认识图形）。

　　在黑板上贴上长方形、正方形、圆形、三角形的卡纸并引导学生说出每一个图形的名称。

　　设计意图：通过有趣的故事情境，不仅复习立体图形的名称，也为学习平面图形奠定基础。这里初步让学生明白立体图形是由平面图形构成的，而平面则是由立体图形得到的，确定两者的关系。

二、实践操作，体验"面"在"体"上

活动一：用"体"得"形"，再次明确两者关系

师：小画家们把它们的面留在了雪地里，你们也能把你们喜欢的物体的面留在纸上吗？同桌两人为一组，讨论一下，看看用什么样的方法把面变到了纸上。

学生讨论并动手操作。

生1：我们用铅笔描。

生2：我们用印泥印。

……

师：你们真棒，把这些平面图形都留在了纸上，原来我们今天要认识的这些平面图形都是在立体图形的身上变下来了，是它们身上的一部分。

设计意图：这个环节让学生自己动手描、开口说、用脑想，再一次地体验了"面从体得"，更深刻地认识了两者间的关系。

活动二：开火车，深化对平面图形的认识

师：你们都认识了这些图形了吗？那我考考你们，我们一起来开火车吧。

师生一起唱：火车火车开到哪儿，火车火车开到哪儿，火车火车开到这儿。（重复几次）

课件展示不同的平面图形，学生接着说出名称。

设计意图：这样的游戏对于一年级的学生是百试不厌的，通过游戏不仅让学生积极参与课堂活动，他们还对平面图形的名称和特征有了进一步的印象。

活动三：我说你摸，区分立体图形和平面图形

师：还想玩吗？老师的袋子中装有一些立体图形和平面图形，你能根据

老师的指令摸出来吗?

生:能。

师:摸出一个长方体。(学生摸)

师:摸出一个长方形。(学生摸)

师:孩子们,他们这么快就摸出来了,你们知道他们有什么秘诀吗?同桌间说一说。

生1:立体图形有几个面的,平面图形只有一个面。

生2:摸到立体图是一块的,平面图形是平平的。

……

设计意图:学生通过自己的感觉把体和面再一次地区分开了,通过想象的过程打开了思维,也放飞了思考的翅膀。

师:还想玩吗?这次老师只在袋子中放平面图形,你们还能摸出老师想要的图形吗?我们一起来吧。

师:我要摸出一个三角形,再要摸出一个长方形。

师:这个你们是怎么区分的啊?

生:三角形有一个角比较尖。

师:我还想要摸出一个圆形。

师:你们又是怎样做到的呢?

生:圆形周围是滑滑的,其他图形周围是直直的。(指的是边)

设计意图:学生能在真实有趣的活动中真实地经历、体验数学知识的发生、发展过程,用自己的感知和思考认识了平面图形各自的特征。

三、练习巩固,理解"面"在"体"上

游戏一:平面图形猜一猜

师:数学的游戏不仅好玩,还隐含着很多数学秘密,你还想挑战吗?

生:想。

师:在这个信封里有我们刚认识的四种图形,一会儿我只拉出它们的一

部分，你们猜一猜它们是谁？

拉出图形的顺序：圆、正方形（拉出一部分时学生可能会猜是长方形，让学生说理由，再逐渐拉出）、长方形（拉出一部分时，因为有前面正方形的例子，学生这次会比较谨慎地回答"可能是正方形，也可能是长方形"；再拉出大部分，学生能马上判断是长方形，这时追问"为什么"，学生会从边的长短来判断）。三角形、正方形或长方形斜着拉出。（和三角形相混淆）

游戏二：平面图形摆一摆

师：孩子们，我们一起来看看被我们忽略的朋友吧。（展示校园、家里等的一些图形）

师：哇，原来我们身边有这么多的图形好朋友，正是因为有了这许许多多的图形才有了我们这个五彩缤纷的世界。那现在老师想邀请大家开当小小设计师，利用我们今天学习的图形摆出漂亮的图案。

设计意图：几个简单的练习让学生在游戏中越猜越明晰，越摆越创新，从中也培养了学生的想象能力、创新能力。

四、归纳总结，提升"面"在"体"上

师：孩子们，今天我们一起认识了这些平面图形，现在你能闭上眼睛，想象一下并用自己的话说一说它们都长什么样子吗？

学生闭上眼睛想象。

师：在我们生活中也有很多这样的图形，下课后我们多留心，仔细观察，看看哪些物体就有我们今天学习的图形，并跟你们的爸爸妈妈分享一下吧。

设计意图：空间观念的培养是靠学生感悟、想象的过程，这节课始终让学生们保持这样的状态，在摸中想、猜中想、摆中想，一点一滴去积累认识、沉淀认知，这就是让学生在玩中不忘学，学中不忘悟。

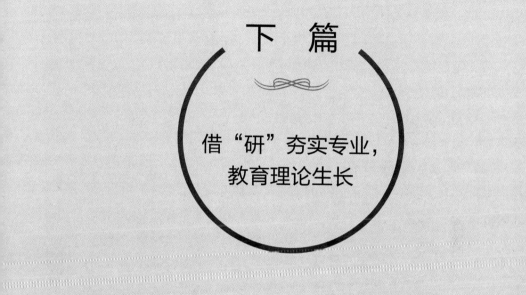

下 篇

借"研"夯实专业，
教育理论生长

　　"研"，在辞海中有"细磨""精细"之意，而教师的专业追求同样需要研磨与精细，因为只有精益求精，对自己有高要求、高标准，才能让自己有不断前进的动力，有不断学习的意识，从而促使自己形成特别的思考角度与理论基础，让自己变得更有教育的情怀与教育的智慧。

　　要在"研"上下功夫，研读学生，用教育的故事自省行为；研讨课堂，用思辨的眼光提炼思维；研发工具，用技术的手段重识教育；研究课题，用专业的精神突破瓶颈；研磨理论，用分享的平台夯实专业基础。

第一节　研读学生，用教育的故事自省行为

华东师范大学教育科学学院的丁钢教授在1999年便开始从事教育叙事的研究，他指出：教育是一种生活方式，教育叙事可以了解和理解这种生活方式；而叙事不仅是研究方式，也是专业成长的方式，更是经验意义的表达方式和思维方式。

而教育故事就是教育叙事研究中的一种表现形式，教育故事的记录过程就是对教师的一个教育过程、促进过程、提高过程，也是对自己的教育教学进行反思自省、总结归纳的过程。

记录与学生发生的一切，不仅能进一步使得自己回头思考得失，更能让自己不断寻求解决问题的方法，去研究更多支撑问题存在的理论。因此，要让教育故事成为自己研读学生的工具与媒介，让自己在反思中成长，在自省中蜕变。

一本"班级日志"打开学生紧闭的心窗

——"后妈"上任记

金秋季节九月，我接到了新的任务：接替即将怀孕的罗老师担任四年级5班的班主任工作。这对于我来说是一个挑战，也让毫无经验的我忐忑不安。

开学当天，我早早来到班级希望能熟悉学生们，用自己的"新"赢取学生的"心"，可我错了，当我站上讲台的那一刻就后悔了：迎接我的是几十双带着藐视和愤怒的眼神，此刻我觉得做老师的尊严到受到了挑战，学生们基本都是排斥我，不爱搭理我，他们还在怀念着爱他们的罗老师。终于挨完第一天，让我碰了一鼻子灰，更让我感觉到了从没有的失败感。

正式的交锋还在后面，接下来有些学生扫地时借故逃跑，落下我一个孤独的身影在整理着他们一天留下的"战果"；上课更有些学生故意弄出声响，挑战一个老师的忍耐程度；作业更是拖拖拉拉或是找借口不交，让你哭笑不得；下课后学生们闹矛盾、打闹，甚至打起架来。总之，他们的目的只有一个让我不得安宁。

怎样才能很快地走进学生们的内心世界，拉近我们的距离？怎么样才能让学生们不要再意气用事，缓解我们的关系？我不断地反问自己。

"文字"，我灵光一闪，现在的学生不愿意直接与你沟通，但是他们善于利用文字去表达。我怎么不能借助文字用我的真诚和真情去打动他们、吸引他们呢？

晚上，我拿出一本笔记本，写上"班级日志——致亲爱的孩子们。"

亲爱的孩子们：

感谢罗老师为我培育一群有情有义的孩子们。其实，我也像罗老师一样的爱你们。你们知道为什么第一天我就能把你们的名字和人对上号吗？不是我有超人的记忆力，而是那天晚上我花费很多很多时间、一遍又一遍地熟悉着你们的名字。知道你们走后，单独留下老师一个人打扫卫生时，老师想的是什么吗？

或许让我走进你们的世界后将会有新的改变，因为那是一种新的美好的植根，相信我，我能带着你们遨游在成长的天空、驰骋在知识的海洋。

我不知道，需要多长的时间你们能像爱罗老师一样的爱我，但我相信，我也会成为你们的最爱！期待着……

第二天，我把它挂在了教室最显眼的地方。

孩子们马上传开了，最后商定后提起笔给我回了信。

敬爱的陈老师：

我们不是不喜欢你，我们是还沉醉在怀念罗老师中。我们也害怕太快喜欢上你，会像记住罗老师一样的记住你。

老师，我们准备好了，准备在您的引领下跨越人生的又一次飞跃。

读着学生写给我一个个字眼，我的眼睛瞬间湿润了，我才没想到学生原来是这样的懂事。提起笔继续回信。

亲爱的孩子们：

读着你们写给我每个字，我觉得自己是最幸福的老师。因为我有着一群非常懂事的孩子，有着一群有自己想法的孩子。

我们约定，让我们做好自己的每件小事，为你们成为最优秀的孩子一起努力。

我与学生们彼此这样的写信、回信，把自己心底不敢给对方倾诉的都让带着"翅膀"的信件飞进彼此的脑海，冲击着彼此的思想，不断的拉近了彼此的距离。

半学期过去了，看着那本满满布布满我与学生一起书写的"班级日志"，回味着我们真情的表露，回忆着我们从排斥到惺惺相惜的事件，回望着我与学生不断进步的日子，让我感慨万千。

其实现在的学生都非常有个性、有自己的想法、有我们小时候没有的敏感，所以他们总紧闭自己心灵深处的那扇窗，于是沟通是必要的，科学的沟通更是必要的；摸透学生的心理、掌握科学的方法，就算是一本简单的"班级日志"或许也能打开学生心灵深处的那扇窗。

在伤口处洒"盐"还是"糖"

砰、砰、砰……急促的敲门声把我从午睡中惊醒。当我打开门，站在我面前的是班上的几个学生，我意识到可能是出了什么事。这时候小K用急促的言语告诉我班里M受伤了，而且伤势很严重，流了不少血。我顾不上整齐的着装跟他们撒腿就跑，到了班里，发现M的脚已经动弹不得，但她还有点自救常识，用力地按住了伤口，防止血继续流。当我掀开捂住伤口的纸巾时，着实吓了一跳：裂开很长、很宽的伤口。我立即背上她往医院跑，背上的她有点不好意思，也有点后悔（觉得连累了老师，辛苦了老师），我才发现我们的学生长大了。到了医院，清洗伤口、缝针，打麻醉时她一边痛苦地叫着，一边紧紧地抓住我的手，双眸望着我，那一瞬间她读懂了作为一个老师对学生的无私关爱，可她始终都没哭出声来。

今天是期末考试，她是有点兴奋，有种迫切的心情想把自己的所学用到考试中，于是她很早就到学校。她去开开关时，不是像平常一样站在凳子上，而是跳上去，不幸的是门后有一颗暴露的螺丝钉还没及时处理，她在下落的过程中脚刚好就挂到了这个螺丝钉上了……所以惊人的一幕就发生了。我没责备她，因为从她的眼神中已经看到了懊悔，她也不希望自己在最关键的时刻受伤，但是已经发生了。责备只是我们老师的一点点心理愤怒的宣泄，但是不能改变事实，也伤了学生的心灵。

回到学校，安顿好她考试，我总算也松了口气。隔着窗口我看到她的表情还隐藏着痛苦，因为麻醉慢慢就过，伤口也会开始痛了。她还是坚持考完试，我隔着窗户再次看着她，她对着我挤出了一个艰难却如天使般美丽的微笑。

其实我并不是他们的班主任，可出事的第一时间学生找的却是我，这是学生对我的信任。抑或是我平时以朋友、大哥哥的身份出现在他们面前，让他们少了顾忌；抑或是我用心去在乎他们，用爱去感化了他们？答案只有他们才知道。但是让我更加坚信老师是学生心中的太阳，坚信爱是帮助学生最大的力量，也坚信抱有这样的理想，教育的生命才是永恒的，因此用爱引领学生在教育的乐园中健康成长！让我们用真心去关注每一个学生，用诚心去呵护他们，用爱心去感化他们。你将收获不一样的精彩、不一般的惊喜、不平凡的回报。美好的心灵是需要培养和感化的，而老师，就是用心灵赢得心灵，呵护关爱学生，别忘在伤口处洒上点"糖"。

老师，谁"偷"走了您的微笑

"陈老师，我已经好久没见到您亲切的微笑了。"这是与嘉楠的一次交谈中他无意提出的问题，却掷地有声地叩响了我的心扉。

由于今年教师的调动频繁，学校教师的流动性很大，领导临时决定让我担任四（5）班的班主任。这对班主任的工作实践仍然是一张白纸的我无疑是一个巨大的挑战。

九月一日，我带着曾被以前学生誉为"杀人"的微笑走进教室，自我介绍完后故意卖个关子："陈老师有过目不忘的特异功能，你们相信吗？"学生开始怀疑地叽叽喳喳地小声议论起来。我接着说："不信？我只要点一次名，就能把每位同学和名字对号入座。"于是我按名单点了一次名后让学生们考我，结果真的一个都没有错，学生们对我刮目相看了。其实我暗地里已下足功夫，开学前先对着学生们的照片把他们的名字背得滚瓜烂熟，就盼望着能带给他们一点惊喜。我轻松就拿到了第一印象分，在他们充满稚气的心灵表层烙下了我微笑的影子。

以后的课间我与他们一起跳长绳、打篮球，课堂我与他们一起分享着数学诱人的美。转眼大半学期过去了，或许是因为我总以大哥哥的身份进入他们的学习生活中，用宽容的心去接纳他们，用人格魅力去影响他们，用循循善诱的教育方式引领他们每一天都在进步，于是班级的凝聚力也慢慢形成了雏形。可问题也接踵而来。

"老师，老师……小凯闯祸了。"小靖急匆匆地跑进我办公室大喊。小凯的爸爸经常出差，妈妈的溺爱让他成为一个以自己为中心的人，班里同学也排斥他。

上美术课时，他跟美术老师闹别扭，顶撞老师。为了扰乱课堂秩序他把颜料往自己的脸上涂。糟蹋自己也就算了，他还把颜料往同桌女孩、旁边女孩身上涂，于是美术老师只能把他送到我办公室。

接下来的日子里，小元体育课逃课、小涛值日逃跑、小晖跟小楠打架……接二连三的烦心事困扰着我，微笑也渐渐在我脸消失了。

而小楠的话才让我意识到学生看到的不仅仅是微笑，也是对亲人般的信任，是师生交流最基本的前提，是营造和谐为学生教育铺路的条件。

这也让我明白，教育仅靠爱是不够的，还应兼有约束、灵动的教育方法，更要有与学生们相处时把你的爱扎根于其心灵深处的"利器"。

对学生们来说，严格也是一种不可或缺的爱，当然也不能任岁月偷走了老师固有的微笑。只有恩威并施才能真正地引领学生们走上健康、向上的学习和生活旅途。

于是我下定决心再现"杀人微笑"，让它为学生的明天美丽的画卷点缀。

好学生也有"坏"毛病
——学生然带给我的教育启发

然是班里好学生，乖孩子。"小电脑"是班级老师和同学给他取的外号，每当教学环节中出现卡壳时，他总能迸出奇思妙想，让老师和同学大吃一惊；每当教学任务接近尾声时，他总能提出启发性的问题，让老师和同学有意外收获。他思维灵敏、学习认真、有独立思想、善良可爱、乐于助人，但他个子小，思想也比同龄人要单纯、幼稚。

这样优秀的学生，老师是最放心和最省心的，因为他自觉、有自己的计划，学习上从不落后，纪律上能严格要求自己。但是这样的好学生也有需要帮助的时候，也有需要关注的时候，因为他也需要更全面的发展。

一、一份特殊的寒假作业

然的父母是知识分子，对于学生的教育有独到的见解和想法。上幼儿园时，他们交代老师不要让然动笔识字、写字，因为他们觉得过早的接触这些知识，不仅让学生增加了负担，还削弱了学生的学习兴趣和压抑了爱玩的本性。然而上小学后写字成了他的最大障碍，字不仅写得不规范，而且还很慢。

每个孩子的成长过程中，有些语言发展比较好，有些逻辑思维特别强……但也有孩子在某方面还有欠缺，然就是那种表达比较不清晰的孩子。

统一的寒假作业对于然来说意义不大，只是一种重复的训练，那我们为什么不更有针对性地促进他该提高的呢？于是与然的母亲商量后，决定给他布置一次特殊的寒假作业，首先免除了他在假期前老师布置的统一作业，改为让他练习写字和朗诵散文、诗歌。

寒假期中他要观察字的结构、理解字的意义，然后临摹字帖，最后自己再写。整个过程他他在收集资料中收获惊喜，在行动中慢慢掌握写字要领。寓教于乐，不再是枯燥的写字练习。

通过平台给家长发信息，让他挑选了精美的散文或诗歌学会朗诵。老师的话，一句顶得上家长的十句。因此老师交代的他也就乖乖完成了。

开学时，他拿着厚厚的一本写过的田字本给我，虽然谈不上突飞猛进，但是规整不少，说话"口吃"的毛病也稍好了些。这是好的开始，这是为他的好习惯开始铺路。

二、一次别样的广播操比赛

学校为了迎接市里的广播体操标兵校的评比，也决定在全校开展以年级为单位的班级广播体操比赛。

然不仅个子小，身体协调性也比较差，踏步和做操总是跟不上节拍，在团体比赛中影响班级的总体水平。起初我有想模仿别班的做法：让他因故缺席比赛。仔细再想想，每个学生都有参加班级活动的权利，不能剥夺；荣誉固然重要，但学生的自尊心更重要。抛开荣誉，我为什么不把这样的比赛作为加强班级凝聚力的机会呢？

比赛前我找了然谈话，希望知道他是怎么想的。原来他内心深处也想做好，但是就是肢体协调比其他同学差，因此做起来也很吃力。

我利用课余时间或者每天早上早操的剩余时间，与他一起训练，一起纠正动作，每一个动作、每一个步伐都不放过。比赛时，我们班虽然没有拿到很好的名次，但是看着他那股认真劲，让我特欣慰。此刻，第一名与第四名已经没有什么不一样，因为我看到了学生做事的认真、班级集体荣誉感的强烈。

三、一项艰巨的卫生检查任务

然比较幼稚，最大的坏习惯是不讲究卫生。他总是喜欢把口水吐到桌子上，慢慢玩弄，静静研究。

怎么来改变他呢？"卫生监督员"在我脑海一闪而过。是啊，让他当卫生监督员，这样他必须先有良好的卫生习惯才能服众。

找他谈话时，他非常愿意接受这个任务。可刚一上任，投诉他的人就数不胜数，我想应该给他点时间，确实他为了改变自己的坏习惯，有时在手指上涂上颜色提醒自己，有时又在桌面上贴张小纸条勉励自己。检查工作中，他的记录是最认真的，教室变干净了，他变卫生了。

四、他在成长中

与然一年的相处，看着他一天天长大，一点点懂事。咧嘴大笑、沉静思考、大胆质疑是我对他最大的印象，单纯的他拿着问题纠缠着我、追问着我的样子也深入我脑海。给他们一个自由舒畅、尊重、平等的环境，让他们在不断的犯错中找寻到自己成长的路，这就是教育，一个真正为了孩子的教育。

"好学生"也好，"坏学生"也罢，他们都需要我们的关注和帮助。因为他们都是孩子，前景可待，未来可期。在一方面的落后不意味着他就不是人才，国家的发展需要各种各样的人才，所以，我们应宽容地加以看待，让每个孩子都有更好的发展。

班里刮起"留言"风
——一场无声的教育革命

通常在学生即将毕业的时候，为了留下同学的联系方式和学习生活的美好回忆，彼此会互赠只言片语，相互鼓励。可不知从何时起，班里流行起相互签写同学录的风潮，这让我有些不解和好奇。

一天中午，学生们都在看书，但小俊却还在写同学录。我善意的走近他身旁问："能让老师看看吗？"为了打消他对我的敌意，我接着说："或者老师也给你写上两句？"这时他才有些不情愿地递给我。一本很精美的同学录，但是让我吃惊是里面的一些内容。很多学生在"你有什么想说"一栏写道："小希是白痴""打死小凯""小乐是娘娘腔"……"最开心的事"："小峰别那个了！！！""小希被老师批评了""我变白痴了"……

学生们把留言本当成了发泄本了，还是学生们内心的垃圾没处可倾诉才利用这个方式来表达呢？是的，学生们与老师和家长的沟通太少了，他们也需要听众。

走回办公室的路上，我一直思索着，突然我觉得我也可以给班里添本留言本，让学生们尽情地表达，还更能让我感受到学生内心深处的想法。

第二天，我准备了一本很漂亮的笔记本走进班里对学生们说："孩子们，老师今天也给班里准备了一本留言本，你们可以在里面把想对老师和同学说的话记录下来，也可以许愿让一些同学改正自己的缺点。"为了让学生们知道怎么写，我先在上面写了一段。

亲爱的孩子们：

我们要怀着一颗宽容的心去接纳同学、朋友，如果他有缺点我们又义务去帮助他，去改变他，让他变得更优秀，让我们的班级变得更有凝聚力。

几天过去了，没有人去动它，毕竟还只是三年级的孩子。于是我想还是先从我开始吧，由我给每个孩子写去寄语。

可爱的小然：

你是班里大家公认的"小电脑"，成绩好，思维敏捷，如果你能跟不爱卫生的坏习惯说"拜拜"的话，那就更完美了。

幽默的小希：

你是大家的开心果，可是你那点坏习惯，让大家都远离了你，你想有更多的朋友吗？

帅气的小鑫：

你帅气，有风度，但是却上课爱说话，打扰别人。你想变得让老师和同学都崇拜吗？

……

渐渐地，学生们也开始投入到留言活动中了，表扬一些好的同学，还在里面许愿，希望"坏"孩子们能改掉坏习惯。本子的上记录不断增加着。

小慧：虽然老师很喜欢你，但是你上课有时会说话，希望你能改正。

小婷：你虽然学习不好，不过你可以进步，希望你学习好。

小怡：你成绩好，你和同学相处很好，但是，你也要了解大家，不要在别人伤心的时候去讽刺他（她）。

小诗：我要改正自己的坏习惯，脾气别太差。

小泽：你是我们女生最爱欺负的对象之一，可是你要学会自卫，不能老被人欺负。

陈老师：你是我们的好班主任，但是有时太仁慈了，所以大家不怕你。不过你准备的这本《老师/同学，我想对你说》，让大家真心交流。大家都非常高兴，如果你再严厉一点就好了。

......

在留言本上写下别人的不足或优点的同学，自己也有了反思；看留言的同学，发现了自己的缺点，也在慢慢地转变和改正。一场无声的革命在悄悄地进行着，同学间、师生间在相互批评、自我批评、赞赏和被赞赏中，看到了自己一直不想去接受或者面对的一面。

我也在学生们的童言稚语间，了解到他们内心深处不愿意在家长或老师面前呈现的那一面。

"润物细无声"的教育总是能潜入学生的内心深处，生根、发芽，慢慢成长。说教式的教育让学生反感，因为每个人都有自尊心。留言本是一架沟通的桥梁，学生们在相互的提醒中改正自己、改变别人。这种方式既维护了他们的尊严，也加深了他们的感悟。

因此，不要总在大庭广众下指责孩子，换种方式，用文字或表情无声地教育，或许会达到更好的效果。

班级里的"盗中盗"

"陈老师，我们家出小偷了。"小毓爸爸在电话那头气愤地说。

"小偷？"我有些不解地问道。

"今天早上，小毓偷偷从他妈妈的钱包拿了700元带去学校。"他接着说。

"现在那些钱呢？"我赶紧问。

"他说有部分钱买了东西请了同学，还有部分钱自己买了玩具，剩下400元放在教室里不见了。"他在电话的那头一边骂着小毓，一边对我说。

班里还出现"贼中贼"了？看来我得当一回名探柯南了。

我安抚小毓爸爸："你先别责怪他，明天上学后，我找小毓和其他同学了解具体情况后，再跟你沟通。"

翌日，为了保护小毓的自尊心，我私下把他叫到办公室了解情况。

"你的钱都哪儿去了?"我心平气和地询问他。

"有些钱我放学的时候买了东西请同学了,还给了小晨20元、小杰10元……剩下400元上体育课时我放在书包里,但是回来就不见了。"他胆怯地说。

买东西的钱是找不回来了,给同学的钱还是可以要回来的,但想找回被偷走的钱有些难度。为了收集更多的线索,我再问:"还有谁知道你带了钱到学校?"

"小晨、小佳、小杰,嗯还有……"他自己都有些不敢肯定。

看来要靠他是没指望的了,于是我让他先回教室。

我也太粗心了,昨天中午我到班里时发现很多学生都带了饮料,还有点纳闷。基于对学生的健康考虑,我在班里明文规定,不能带任何饮料,如果违反就直接把饮料倒掉。之后没人敢带了,怎么今天个个都以身试法呢?

我找来几个同学问:"你们不知道班里怎么规定的吗?买饮料的钱哪来的呢?"

他们异口同声地说:"是小毓请的。"

奇怪,小毓哪来这么多钱买饮料?我心里嘀咕着。

我又找来小毓,他说是他过生日爸爸给他的钱,让他请小朋友们吃东西。虽然我心有不快,但也信以为真,因为有这样的先例,小孩生日时家长请同学们吃东西或者去参加小聚会,所以也就没再继续追问下去。

如果我能及时调查或许就能发现问题了,但我选择了相信学生们。现在事情已经发生,多说无用。我暗地里在班中展开调查:当时上体育课时是谁最后一个走出教室?是谁最先回到教室?最重要的是,谁知道他带了钱来学校?

锁定目标后,我逐个谈话,却发觉都有没拿的证据。

"怎么办呢?怎么办呢?"我不断反问自己。

很多学生知道小毓丢了钱,要不我在全班通报一声,看看哪些同学有异常反应?我突然想到主意。

中午时我到班里说:"同学们,班里有同学丢了400元钱,如果谁捡到了等下到办公室交给我。"

我的眼睛在不断扫描全班同学的表情变化。这时,坐在小毓前面的小扬同学神情有些不一样。虽然他在掩饰，但是还是有些破绽。

课后，我把他叫到办公室问："小扬，钱是你拿的吗？"

"不是，我没拿。"他坚决地说。

"真的？"我继续追问。

"真的。你有什么证据说是我拿的吗？"他辩解。

这样争辩下去毫无意义。我知道这些学生们有钱后，一定会去买玩具或者零食。于是我唬他："昨天你妈妈给我打电话说，有个同学送了很贵的玩具给你。有这回事吗？"

"是啊。"他的语气有些松动了。

"但是我问了班里的同学，没人送你东西啊？"我继续唬他。

他答不上来了。

"我给你妈妈打个电话问问。"

他终于抵抗不住，承认了钱是他拿的，而且已经花了200多元买了一辆玩具车，剩下100多元放在家里。

我给小扬妈妈打了电话。

小扬妈妈说："昨天他回家的时候带了辆玩具车，说是同学送的，我们还以为是真的。"所以她没有对这个贵重的"礼品"细加追问。

放学时，我拿着小扬妈妈垫上的400元到班里说："小毓，你也太粗心了，怎么把钱落在了篮球架旁！还好有好心的同学捡到，上交到德育处。下次生日，你请同学后也得请老师呢！哈哈……"

小扬诧异地看看我，又低下头。这件事情的真相，就此被我们深藏在心底。

一个尚未完全懂事的孩子，心中或许还没有偷的概念。如果让人家知道，套上了"小偷"的帽子，将给以后的生活、学习带来极大的影响。我的处理不见得高明，但从他羞愧难当的眼神中，我看到了懊悔，看到了希望。

无论是老师，抑或家长，都应该做个有心人，多留意一下孩子，多关注一点孩子。这件事正是我们粗心忽略了，没有及时处理，才平添波澜。

"差生"的好品质

每到夏天，南方的天气总是闷热得让人难受，甚至连操场上的塑胶地板都散发出了火辣辣的"怒气"，我生怕孩子们接近它。但早操已经是很多学校的惯例，它也肩负着为体质羸弱的城市孩子锻炼身体的重任，于是没人敢撼动它的地位。

今天，学生们又冒着被火辣的太阳吞噬的危险，踏着整齐的步伐在热气腾腾的跑道上前进着，还没等广播操开始，在台阶上就已经多了一些脸色苍白的观客了。

终于熬到出操结束，学生们都回到了班级。第一节课是我的数学课，当我走进课室，还没开讲多久，坐在前面的小言吐了出来，桌面上、地面上、衣服上都是他的污物，空气中掺杂着刺鼻的味道。同学们纷纷捂着鼻子撤离自己的阵地，有些调皮的孩子拿它做文章："你们看，他今天早上吃的是牛肉丸，那些都是……"也有些孩子做出呕吐状，并大声喧闹着，以此取乐。

我做了一个保持安静的手势，走到小言身边，把他搀扶出来并示意他自己去洗手间清洗。然后我看了看孩子们，再看了看那些让人想吐的污物，心里矛盾着，是让同学去叫清洁阿姨来打扫，还是我自己动手收拾呢？其实，看着那些污物我也有些受不了，那刺鼻的气味也让我有点窒息，但是为了让孩子们多一些爱心和同情心，我必须做点什么。于是我毅然转身走向清洁工具箱，拿出扫把和垃圾铲开始打扫桌面与地面。孩子们有些吃惊，但也没有什么行动。我以为我的举动能带动一批优秀的学生，但是坐在一旁的班长无动于衷，不远处的学习尖子小然也没有帮忙的意思。过了一会儿，坐着最后边的小曦、小炫那两个捣蛋鬼，却拿起拖把加入我的行列。我扫着，他们俩紧跟着用拖把擦拭着。看着他们专注的神情，我突然察觉自己的渺小与肤浅。或许，对于他们我更多的是抱怨，不认真听讲、学习成绩一般、扰乱课堂……我能说出一大堆罪状，但是今天的他们让我自惭形秽。那些我的宠儿们——学习佼佼者，却让我有些失望。

清理完毕，他们俩汗流浃背。我示意他们回到座位，走上讲台说："今天，我要感谢这两位同学，他帮助老师完成了别人不愿意做的事情。同时，我还要跟他们道歉，以前我觉得他们是成绩上的落后者，是差生，但是今天他们身上却体现出一种比优秀成绩更重要的品质。"

这时，掌声响了起来。

确实，在教学中我们往往会被成绩蒙蔽了一切，而忽略了孩子们最为可贵的品质塑造，因此请不要犯了和我同样的错误。

我班有个小英雄

小弘，休学一年后重新返校的孩子，确切地说是被劝休一年，因为班主任实在忍受不了他了。他的智商和情商比正常人要低一些，但身体健硕，举止与常人无异，最让人头疼的是他有打人的习惯。

开学没多久他就把同桌给打了，而且出手还不轻。于是班中没有人敢跟他同桌，班主任只能把他的座位单独安排在讲台下。没过多久，他又跟高年段的调皮学生较上了劲儿，结果打不过人家，自己反倒受伤了。这样的事情不断发生。我找他谈话、感化他，可所有努力都付诸流水。他有一本花名册，把他不喜欢的人的名字都登记在内，并写上打死某某。他每天都专注于这些事情，一有人惹怒了他，他便动起手来。

一个月过去了，我庆幸自己还没上他的花名册，有时他还能听进我几句话，比较信任我，在课堂上也不给我捣乱。可慢慢地，他变得越来越没有耐性，越来越烦躁，开始干扰他人上课。此时的我已经是焦头烂额了。

有一天，他突然说："我是毛岸英，你们都是国民党。"

在他的花名册上多了一些类似"打死国民党蒋介石——小秦"等字眼。开始我并不在意，后来好几天他都是这样的表现，就找了他聊天。

"你怎么成了毛岸英了啊，你是怎么认识他的？"我和蔼地哄他。

开始他沉默不语，看着我委屈的表情才终于开口："在电视里看到的。"

我恍然大悟，近期电视上正在热播《毛岸英》这部剧，他喜欢上了剧中人物。毛岸英是一个正面人物，他这么喜欢，我能利用这一点改变他吗？我灵机一动。

"老师也很喜欢他，你以后能每天跟老师分享一些他的故事吗？"我深切地望着他说。

"嗯，好吧！"他很爽快地答应了。

翌日，他很兴奋地来到我的办公室，讲述昨晚看到的剧情。

"讲得真好！老师给你加一个红苹果吧。"我欣慰地望着他说。

他开心极了，拿着红苹果贴纸，眼睛不停地盯着，这可能是他第一次拿到老师的奖品。

或许真的可以利用这样的正面人物影响他，但时机还没有到。

第三天、第四天……接连几天他都跟往常一样来给我讲述剧情，捣乱的时间也少了些。可我并不满足于这样，既然他将自己当成了小英雄，那就用英雄的标准来约束他吧。

过了些天，我对他说："很感谢你给我分享的故事，你觉得毛岸英这个人物怎么样？"

他有些不太理解我的意思。

我接着激励他说："毛岸英会乱打人吗？你看他在苏联读书期间，是多么的优秀，总是彬彬有礼。"

"嗯。"他的脸颊有些微红。

"那你怎么跟他不一样呢？老师相信，你也会成为跟他一样优秀的人，不打人、彬彬有礼，你能做到吗？"我鼓励他道。

他没有正面回答我，但我感觉他被触动了，明白了自己该怎么做。

接下来的日子里，我们一边一起分享毛岸英的故事，一边用毛岸英的行为鞭策着他。他逐渐改变自己，打人的事情不再发生了，上课的纪律也比之前好了很多。

面对这样的学生，我们有时总抱着无可救药的心态去对待，持着与对待别的学生不同的眼光去审视，怀着同样的标准去衡量他们当然是没有任何效果的。虽然小弘的成绩没有很大提升，但他有了与同学们正常相处的能力。这就是进步，并且他还一直在进步。

第二节 研讨课堂，用思辨的眼光提炼思维

　　课堂是师生思维碰撞、思想交流的场所，教师教学能力生长的主阵地。

　　师者不妨多一点批判精神，用独特的思考角度去审视课堂，去发掘课堂，去反思课堂，以形成具有自己特色的教学思维。

"猜"进了陷阱

——以"抛硬币"一课为例谈我们的教学偏轨行为

课改已经度过了十载风风雨雨，但依然有相当数量的数学老师对教材的理解浮于表面，不够透彻。他们总在素材的有趣性、活动的互动性花费太多时间，而忽略了对数学本质的叩问，对知识本身的研究。北师大版的概率模块是最让我们困惑的，这部分内容的难度比较大。有时老师不经意地点拨却把学生引进了陷阱，导致学生理解错误。下面我以曾经聆听的二年级上册抛硬币一课的两个片段为例阐释。

片段一

师：你们喜欢足球比赛吗？我给大家带来足球比赛的一段视频，我们一起看看吧。

视频：裁判在抛硬币，球队双方选场地和发球权。

师：你们知道裁判在抛什么吗？哦，原来是在抛硬币，如果是正面朝上是红队发球，反面朝上是蓝队发球。

师：你们看，今天这枚硬币也到了我们现场（老师展示硬币），如果老师抛一抛，你们觉得是正面朝上还是反面朝上呢？

学生疑惑并思索，老师抛硬币。

师：你们猜一猜是正面朝上还是反面朝上呢？

生1：正面朝上。

生2：反面朝上。

生3：都有可能。

教师揭示答案：正面朝上。

师：我现在再抛一次，你们猜一猜是正面朝上还是反面朝上呢？

生1：正面朝上。

生2：反面朝上。

生3：都有可能。

教师揭示答案：还是正面朝上。

……

这样让学生不断地"猜"，并不断揭示答案的活动重复了几次。最后老师引导学生抛一枚硬币，可能正面朝上，也可能反面朝上，但是这时同学们显然比较难理解，因为他们都关注了最后的结果，而不是揭示结果前的可能性了。

片段二

师：在这个袋子中装有3个白球、3个黄球。我摸出一个，你们猜一猜是什么颜色？

生1：白色。

生2：黄色。

生3：黄色。

生4：白色或者黄色。

师：看来有很多意见，究竟会是黄色还是白色呢？让实验来告诉我们吧。

让学生摸出一个黄球，并展示给大家看。

师：现在把球放回去，再摸一个，你们猜猜是什么颜色？

让学生摸出一个黄球，并展示给大家看。

师：你也想试一试，那你摸一个看看是什么颜色？

学生摸出了一个白球。

……

这样的活动也重复了几次。学生摸完球后，展示给大家看，此时有黄色，也有白色，老师再引导学生当有白有黄时，摸到的可能是白球也可能是黄球，体验"可能"。

这两个片段从表面上看并无不妥，而且在猜的过程中，课堂气氛很活跃，学生们的学习热情高涨。抛硬币或摸球的可能性是对结果的预测，但结果的出现是受到偶然性影响的。如果实验的次数比较少，偶然性就多，只有当实验的次数越来越多时，预测才越准确。恰恰是这种关注学生兴趣的"猜"的活动，把学生引进了活动的热闹和趣味中，而冲击了本应让学生体验的"可能性"和"偶然性"，这就是导致学生认知的偏轨。

执教者只读懂了文本的表层，意会到了要让学生在活动和游戏中去参与知识形成的全过程，却没有做到合适地调控活动和使教学活动的效率最优化。如果片段一中执教者不要过多地纠缠于"猜"，当学生有了可能是正面朝上也有可能是反面朝上的想法时，适当点拨继而导入新课"今天我们一起来研究可能性"，这样的导入能够让学生对可能性有了初步的认识，也不至于最后偏题。

对于片段二，学生对于这样的"可能"事件不难理解，难点在于摸出的结果影响了事件发生前的猜测，于是这个环节的重点应该放在让学生体验事件发生的"可能性"和结果的"偶然性"上。猜是必要的，但还得针对结果加以点拨，把事件的"偶然性"向"必然性"靠拢。但是执教者这样的盲目的猜，没有对猜的细节做处理，致使学生越猜越糊涂，一步步走进了陷阱之中。

"趣"是学生学习的引子，但"味"是学生认知的根本。唯有"趣""味"结合，让"味"成为"趣"的主导，这样的课堂才能让学生在玩中学，在玩中悟。

都是"平均分"惹的祸
——课堂节外生枝的意外收获

"分数初步认识"是北师大版三年级下册第五单元内容，旨在让学生通过具体情境认识"平均分"并初步理解分数的意义。在教学过程中有这样一个题目引发了学生的思考和争论。（见下图）

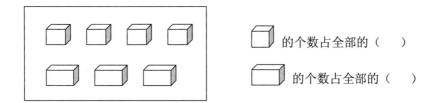

在让学生通过分苹果的情境，折圆形、长方形等纸片活动理解了"平均分"后，我展示了上述题目，这时很多学生都认为用七分之四和七分之三表示，但是有一个学生发出了不同的声音。

生：老师，我觉得这个题目有问题。这是两种不同的图形，大小不一样，也没有"平均分"，那能用分数表示吗？

这个问题提得非常好，让我倍感意外。学生能注意到这点，我应该好好地加以利用。

师：你的想法真好，看来班里有不同的声音了。老师欣赏你的善于思考和与众不同的理解，真棒！孩子们，你们觉得呢？谁有不同的意见？

这个时候有很多学生被他的想法征服了。

师：看来有很多同学同意了他的说法。这样，我们分成两派辩论，你们相互商量下，看看怎么说服对方。

学生双方之间议论、探讨后汇报。

生1：我觉得是可以用七分之三和七分之四表示的，因为正方体有4个，长方体有3个，总共有7个，所以我觉得是可以的。

生2：我也觉得可以，我们之前做过一个题目：有9个同学跳绳，其中有5个男生、4个女生。我们不也说女生人数占总人数的九分之四、男生人数占总人数的九分之五吗？

生3：我不同意，这两个题目不一样，这个题目是指同学，都是一样的，但是前面的这个题目两个是不同的，一个是正方体，另一个是长方体。

师：有道理，还有不同的意见吗？我们再仔细分析一下。

这时，班级的"小电脑"小然好像有重大发现，异常兴奋地站了起来。

生4：老师，我发现这两个题目有共同的地方，都是求个体占全部的多少，指的是数量。

师：是吗？你们发现了吗？同意吗？

生5：对啊，都是指个数占总数的几分之几，所以应该是可以的，那就跟图形的大小没关系了。

师：刚刚有不同意见的同学们能接受他们的意见吗？你们觉得呢？

学生们都恍然大悟，我趁机强化了这个学生的说法。

一个简单的题目却碰撞出不同的精彩来，这就是真实的课堂。在这样的讨论过程中，学生们学会了仔细审题、分析，无意中对分数有了更深刻的理解，也从另一层面认识了"平均分"。

思考

1.老师要在适当的时候"装傻"

如果学生有不同的想法，作为老师便直接引导或者点明，就会少了一次具有探究意义的活动和引发共鸣的良好契机。而老师在适当时候充当听众、扮演接受者的身份，学生的思维会更发散，思考也会更深刻，也能激起学习的兴趣和体验成功的喜悦。我在这个细节中适当的"装傻"，让学生在相互质疑和辩论中越辩越明。孩子与孩子的交流是真实的，是发自内心的，而孩子"教"孩子是学习效果最好的方式之一。所以教师应该充分挖掘学生资源，而不是强势地以教育者的身份做填鸭式的讲解和分析。

2.老师要在适当的地方"点火"

"煽风点火"是一门高超的教学艺术，优秀的老师总是在一些细节处理上运用这一技巧，在适当的地方停顿，"浇浇油、添添火"，让学生发生不同的声音；当学生都觉得有道理时，老师给予一丝点拨，能起到非常大的作用。这种"点火"的渲染艺术在教学过程中，让课堂气氛活跃、学生学习处于愉悦状态，这样的课堂学生们怎么会不喜欢呢？

大智若愚，师者更应该扮演这样的角色，才能营造出智慧课堂，并激发学生的学习兴趣和热情，进而成就一个具有智慧的个体。如果我们关注了学生，关注了教学和生活中的某个细节，也许这只是一点点的智慧积累，但是却足以让学生对学习和生活有更多的思考。因此，让我们当一回需要帮助的老师吧。

提问是为了播下思考的种子

——以"用字母表示数"课堂片段为例

当前，很多教师都意识到了用"问题"来引导学生学习，开启学生的思维，可以为课堂增色不少，于是便一问到底，从而偏重记忆性的、低质量的、没有思考价值的问题如雨后春笋般涌现。这样不但削弱了教师的讲授作用，对培养学生的思维也无多大益处。这里我以用字母表示数一课为例，简单阐析选择合适的问题对学生思考的影响。

一、第一稿

师：同学们，昨天张林在操场上捡到一个钱包，你觉得他应该怎么做呢？

生：应该交给老师或德育处。

师：还有其他想法吗？

学生沉默。

师：老师有一个想法。我们来拟一则招领启事，你们看看我这样写好吗？

失物招领

张林同学于昨天下午放学时在校门口拾到若干元人民币，请失主到大队部刘老师处认领。

少先队大队部

××××年×月××日

师：看完启事你们有什么感受？

生1：我觉得用若干元不太好。

师：那你觉得用什么表示好呢？

生2：用字母 x 表示。

师：你真棒！我们这节课就来学习"用字母表示数"。

数学情境很重要，但不能只追求生活味而淡化数学味。问题情境是让学生带着思考学习，更是让学生有所触动。但这样的问题情境并没达到预期效果，反而给学生造成了困扰。于是学生们选择从生活的角度而非数学角度去思考问题。因此，我在再次执教时做了如下修改。

二、第二稿

师：前几天，老师看见一则失物招领启事，请大家都来读一读。看到这则启事，你有什么想法？

失物招领

王强同学于昨天下午放学时，在校门口拾到20元人民币，请失主到大队部刘老师处认领。

少先队大队部

××××年×月××日

生1：我觉得在这里不应该把多少钱标示出来，这样很容易让其他同学冒名认领了。

师：观察得真仔细，你们觉得是这样吗？你觉得将20元改成什么比较好？

生：我觉得可以用字母 x 来表示。

师：真棒！除了用字母 x 表示外，还可以用其他字母表示吗？

生：可以，如 a，b，c 等。

师：如果捡到的不是20元，还可以用 x 表示吗？

生：可以。

师：那我们今天一起来研究"用字母表示数"。

这样的情境很简洁，开门见山，直接把问题抛给学生，让学生根据问题有的放矢地进行思考，问题的设计也是有层次性的，适用不同学习需要的学生。而且调动了学生的学习热情，让他们积极地参与到教师的教学过程中来。

"学源于思，思源于疑"，我觉得小数数学与其他学科最本质的区别就在于数学应该更重于培养学生的思维，然后再提高学生的思维能力。问题是教师最有效的教学手段，用问题来引导学生思考，激发学生的学习兴趣。世界上许多创造都源于问题，问题是开启创新之门的钥匙。所以在课堂中，我们应该给学生制造"麻烦"和"问题"，让学生从接受老师提出的问题，到自己发现新问题，成为一个善于思考、总结的新时代学生。

对比两节课，我们可以看到，问题的提出对于课堂教学非常重要。从开始的无效问题太多干扰到教学进度的正常进行，到利用恰当的情境，抛出合适的问题让学生直接学习，我觉得这就是问题的魅力。在课堂上，我们看到学生有太多的想法、太多的思维火花，这些经常使我们感到意外和惊喜。

数学思想的渗透要有"趣"与有"味"

《义务教育数学课程标准（2011年版）》实现了课程目标从"双基"到"四基"的转变，并把"数学基本思想"作为课程的重要目标，这意味着我们已经认识到数学基础知识和基本技能固然重要，但是数学思想更是学生发展的根本。那么如何让以基础知识和基本技能为载体，呈螺旋式上升的数学思想在教学活动中得以渗透呢？我觉得应以小学生的学习特征和数学的内涵为基点，以"趣"引发探究，以"味"体现数学本质。

一、有"趣"

"趣"是课堂开始的引子。有了它，学生的学习、探究才具活力。有趣的活动不仅营造了良好的课堂气氛与探究环节，还创造了和谐的师生关系；不仅激起了学生参与活动的热情，更燃起了他们探求新知的欲望。但是有趣的内容或活动是与教学息息相关的，不是单纯为了有趣而创设有趣。例如，我曾听过巧求三角形面积一课，本课是为了让学生在学习三角形的面积计算公式的基础上，再利用"变通""转化"的数学思想，把一些无法利用公式直接计算的三角形通过拼、剪、折成能利用公式计算的三角形或正方形。于是老师上课的开始，就以围魏救赵的故事导入。

师：同学们，喜欢听故事吗？

生：喜欢。

教师讲述围魏救赵的故事后提问。

师：赵国此时有难，孙膑为什么不选择直接率军前往赵国与魏军作战，反而要去攻打魏国的国都大梁呢？

生：攻打赵国的都是魏国的精兵，如果去赵国，输赢就还是个未知数。但是此时魏国的国都大梁却是国内空虚，攻打它胜算更大。

师：是啊，看来我们不能像田忌那么鲁莽、直接，要学会多动脑筋思考，或许换个方法效果可能就不一样了，要学会变通。（板书：变通）

师：这个故事对我们学习数学有什么启发吗？

生1：有时要换个思路思考。

生2：要会变通。

生3：多思考。

师：是的，今天我们要求的三角形的面积是没办法直接套入公式计算的，那该怎么办呢？我们一起看看吧。

这个有趣的故事不仅激发了学生探究的欲望，更把"变通""转化"的数学思想初步渗进学生的脑海里，为接下来的探究过程铺好了路，而数学思想的感悟过程也因此事半功倍。

二、有"味"

新课程改革后，我们曾经把精力都集中在情境创设、素材挖掘上，并且更侧重于生活原型、规律的发现上，往往忽略了数学的本质——"数学味"。因此我们的数学思想的感悟总停留在表面，很难提升与内化。下面以乘法分配律一课为例，阐述"抽象思想"怎样更有效。

案例一：我执教的"乘法分配律"探究部分

引导学生通过问题情境思考列出不同的算式，观察并计算。

（1）（4+6）×3　　　　　　4×3+6×3

（2）（28+12）×5　　　　　28×5+12×5

（3）（93+7）×18　　　　　93×18+7×18

计算后，老师让学生观察并对比，发现特征，通过归纳的方法来得到一般的规律。

这个案例中，我侧重于发掘规律，让学生通过归纳，抽象出乘法分配律。但学生在运用时却问题频出，可见这样的思想渗透不能真正打开学生的思维之门。

案例二：刘松老师执教的"乘法分配律"探究部分

师：（在黑板左边板书：3）这有几个3？

生：1个。

师：（继续写）现在有几个，现在呢？（黑板中有6个3）

生：6个3。

师：那我要把这6个3加起来，还可以怎么写呢？

生：3×6。

师：（在黑板的右边继续板书：3）有几个3？（黑板中有5个3）

生：5个。

师：用乘法可写成3×5。（在5个3的一侧再写一个3）那这还有几个3？

生：1个。

师：那它可写成乘法算式吗？

生：3×1。

师：那右边这里现在一共有几个3？（3×5+3×1）

生：6个3。

师：那我们看看，这不就和左边的一样吗？（老师把左右两边用长长的等号连起来）如果我要左右两边更像一些，可以这么修改左边？

生：3×（5＋1）。

这个案例看似简单，但是刘老师却是在不断地梳理数与数间的关系中去抽象出乘法分配律，这样的思想感悟才是深刻的、学生自己获得的，这样的思想渗透建立在数学本质联系——乘法的意义的基础之上，因此这样有"味"的数学活动才能让学生有思考和思维的碰撞。

"趣"与"味"是数学思想渗透的两道调味剂，更是联系着的矛盾统一体。唯有共存，数学思想在感悟的过程中才能更高效，在渗透的过程中才能更有序。

源于学生的智慧

小学数学北师大版四年级上册第三单元教学内容中，有这样一道探究题目："在0~9的10个数字中，任意选择4个数字，组成最大的数和最小的数。然后两个数相减，并把结果的四个数字重新组成一个最大的数与最小的数，再次相减……这样不断地重复的过程中能找到一个神秘的数。"

于是课一开始，我与学生便有了以下对话。

师：真那么神奇吗？选择任意的4个数，最后一定能得到一个相同的神奇的数？你们相信吗？

生：有点怀疑。

师：那得怎么办？

生：验证一下。

师：我们分成几个小组，大家选择不同的4个数字试一试。

学生分小组确定好自己组选择的数，并计算。过了一段时间后，有学生高高地举起了小手。

生：老师，我们组发现，当算到6174这个数后，无论怎么算还是6174了。

师：同学们，你们是不是也遇到了同样的问题？这个数会不会就是我们要找的数呢？下面每个小组都来汇报一下你们的结果吧。

组1：我们选择了1，3，7，8四个数字，就有：8731－1378＝7353，7533－3357＝4176，7641－1467＝6174，7641－1467＝6174。

组2：我们选择了2，4，5，9四个数字，就有：9542－2459＝7083，8730－3078＝5652，6552－2556＝3996，9963－3699＝6264，6642－2466＝4176，7641－1467＝6174，7461－1467＝6174。

……

汇报中，几个小组最后都验证得到了这个神秘的数"6174"，这个环节的探究本应告一段落，可是这时小楠同学却把手举得高高的，我慢下来请他说。

楠：老师，我还发现，其实从这10个数中选择任意的3个数，按上面的要求计算也可以得到1个特定的数。

他的这一问题把课前没预设的我难住了。是回避还是继续呢？我心里犹豫着、矛盾着。冷静后，我做出决定。

师：真是个爱思考的孩子，你们都同意吗？

同学们有些还没反应过来，我想抓住这个机会，让学生们有更多的成就感，鼓励更多爱思考、敢质疑的孩子出现。

师：我们还在等什么，动笔继续验证一下吧。

通过验证，学生们发现，对于3个数而言，它们也存在一个特殊的神秘数"495"。

师：孩子们，你们真棒。因为小楠同学的善于观察与思考，让我们发现了另一个规律，把掌声送给他。正是因为你们乐此不疲的验证才得到这个结论，把掌声也送给我们自己。

学生们个个兴致勃勃，意犹未尽。

师：同学们，我们再仔细地观察一下，这两个题目有什么共同点吗？或者你们还能再发现其他规律吗？

生：老师，选择5个数也可以有这样的规律。

生：6个数可能也有。

师：是吗？这些都是我们的猜测。猜测是数学中一种很重要的思考方式，很多数学定理都是通过数学家的猜测，在验证后得到的。你们已经很接近"数学家"了。由于时间关系，课堂上我们不再验证，你回家验证后再与老师、同学们一起分享好吗？

数学学习活动应该是师生互动的过程，更是师生思想碰撞交融的场所。但我们常常担忧学生的"偏轨"给课堂造成不必要的麻烦，使得教学任务无法正常完成，所以总是小心翼翼地按照预设推进，却埋葬了学生的活泼天性。

这样一个稍纵即逝的生成、一个不经意的发现，往往在我们时间紧迫的课堂中被忽略，不为教师们所重视。但恰恰是这种意外，能够激励学生们踊跃探究，敢于质疑，乐于思考。数学思想在他们脑海里有了雏形，更让我们师者不禁感叹与惊诧：学生的智慧不可小觑！

教育应时刻不忘埋下种子

——"七的乘法口诀"听课思考

乘法分配律是小学阶段比较重要的运算定律，它将为学习优化计算、公式推导、代数式化简、实际问题解决及初中"合并同类项"和"提取公因式"等问题奠定基础。但是在教学中，我们常常发现学生的掌握情况非常糟糕，甚至有些会使用这一工具的学生也没有正确地利用"乘法的意义"去理解其中的内涵。高年段学生的计算能力，特别是简便运算能力远没达标。我一直在思考其中的原因，直到不久前参加学校的计算研讨课"七的乘法口诀"才得出答案。

一、用"整体"的眼光审视教材

数学比其他学科更具整体性，就像一条锁链，一环扣一环，由浅及深，由易到难，不断递进。后面的知识以前面的知识作为基础，没有很严格的分割，教师要用整体的意识和联系的眼光去发现与审视教材。但现在很多学校都采用固定教学法，即一二年级、三四年级、五六年级分别由某些固定的老师把关，造成很多老师在解读教材时缺乏整体意识，各自为政。因此学生的学习总是碎片化、断片式，极少利用学过的知识来建构新知识，数学中的转化、迁移思想几乎没有渗透，数学思维的培养基本未能落到实处。

七的乘法口诀一课教材的意图是明显的，即让加法为乘法建构一座联系的桥梁，通过加法再次深刻地理解乘法的内涵。教材情境中出现1个星期有7天，然后让学生去探究2个星期呢、3个星期呢？这个过程就是要学生去体验和发现其中的规律，认识到乘法的基本内涵。这是为以后的学习奠定基础的一个重要环节，如果我们不重视这个过程，没有整体意识，一味地强调记忆口诀，只追求眼前的效率，让学生花更多的时间去背诵公式、口诀，而非探究口诀的内在联系与奥秘，极易造成到了高年段学生对分配率的学习、理解出现障碍。

数学的教育如耕种，师者时刻不忘"播下种子，适时施肥、除草、浇水，静待开花与结果"，一点点地渗透，一环环地扣紧。

二、用"启后"的思想渗透教学

"承前启后"是数学学习很重要的一种方式。如上所述，这是一个链条式的学习过程。每个环节都不能断裂，把新知识转化为旧知识，将旧思考方式迁移到新知识，这就是数学学习。但是很多老师固守本学段的知识堡垒，不越"超纲"雷池一步，其实，有时"超纲"又何妨？适时的点拨、适材的选择，为以后的学习铺好路，岂不是更好地教会了学生学会"学习"？

"七的乘法口诀"最后一个题目（如下图）就是一个很好的典范。

7×8=？淘气是这样想的，你能看懂吗？说一说，填一填。

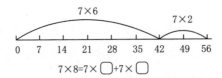

$7×8=7×\bigcirc+7×\bigcirc$

很多老师一看到算式就认定是乘法分配律，这应该是四年级的学习内容。"雷池"是他们最大的忌讳，于是这个很好的素材便浪费了。但是，如果我们"超纲"一回，让学生从加法与乘法的关系去理解$7×8=7×6+7×2$、$7×8=7×5+7×3$、$7×8=7×7+7×1$……因此，8个7可以看成是6个7加2个7，或者5个7加3个7，等等。

这"超纲"了吗？答案肯定是否定的。学生不仅利用加法工具理解了乘法的内涵，也为学习乘法分配律播下了种子，这就是"启后"。

可见，我们不能因"超纲"而不为，而应考虑如何为、怎样为，这样才有助于现阶段学生的学习。无论新课程变革的程度有多大、教育改革的"风"吹得多么猛烈，承前启后对于数学学习都是永远不会过时的。

教育是慢的艺术，老师应有农夫的思想，有静待花开的心理准备，不急功近利、故步自封，用联系、整体的眼光去发现和审视教育，时刻不忘"播下希望的种子"。

第三节　研发工具，用技术的手段重识教育

传统教育教学更重视学生的输入性培养，尤其以知识掌握为主。但是，随着社会的不断发展，现代教育要培养的是学生多方面的素养，发展学生的优势和个性。

因此，教育教学需要研发探究性工具以撬动师生思维，充分利用技术和大数据构建有效学习场，激发学生思维深度的延伸，同时鼓励和支持学生在学习过程中表达、分享所得。

时代在变，学生在变，教育形势也在变。教育教学是灵动的职业，需要更强的专业性，因此不妨重新定位和认识教育，通过工具、技术等来推动学校课程变革和学生发展。

借助工具，让公倍数在验证猜想中扎根

——骆奇老师"探索尾巴重新接回的奥秘"一课片段思考

数学具有高度抽象性，因此学生觉得数学难学，教师觉得数学难教。那么，如何在直观性与抽象性之间搭建起一座桥梁，恢复和发现抽象的数量之间的直观形象？工具的合理使用将会带来意外收获。深圳市螺岭外国语学校骆奇老师执教的"探索尾巴重新接回的奥秘"——公倍数与最小公倍数一课，便是很好的范例。他利用有趣的游戏情境和各种平面图形图案等工具，让学生在趣味横生的课堂中探究、交流、发现，让学生感到数学不再抽象而枯燥。

一、借助工具，在猜想与验证中认识公倍数

（一）游戏工具激发兴趣，遭遇公倍数

师：今天，老师给大家带来了一个很好玩的游戏，想玩吗？

生：想！

师：（拿出一个正六边形纸板）请看，这是一个正六边形。（再拿出一个正方形纸板）这个呢？

生：正方形。

师：也可以说是正四边形。背面有图案，谁能把它拼好？教师随机请一个学生到黑板前将图片拼好。

师：这是什么？

生：是猴子。

师：是一只可爱的小猴子！接下来我们就用这两张图片来玩游戏。我把正六边形固定不动，让正四边形绕正六边形沿着一个方向转动。（师转动正

四边形图片即尾巴所在的图片一次）如果这样叫转动1次，那么（再次转动图片）这样呢？

生：2次。

师：（第三次转动图片）这样呢？

生：3次。

师：你们注意到没有，当正四边形开始转动的时候，猴子的尾巴怎么样了？

生：断开了！

师：（将图片恢复成原状）我现在想请大家来猜一猜，从这个时候算起，转动几次，猴子的尾巴又能重新接回？

生1：6次。

生2：12次。

生3：18次。

……

公倍数的教学如此引入，我还是第一次见。这个大胆的尝试，恰到好处地使用了游戏这一工具，最大限度地激发出学生的学习热情。课上到这里，学生还不知要上什么课，跟图形有关？跟数有联系？这样的玩、猜，让学生们能够一直集中注意力。

如何把尾巴重新接回？6次、12次、18次……猜的过程中就埋下了公倍数的种子。

（二）图形工具验证猜想，感知公倍数

师：有同学猜6次、12次，有同学猜18次，还有同学猜24次。到底是几次？怎么才能知道？

生：转一下。

师：行，我来转，你们大声数！

教师转动图片，学生数数：1，2，3……数到第6次时，尾巴没有接回，许多学生非常惊讶。

师：接回了吗？

有个别学生忙改口，猜测是12次。教师继续转，学生继续数，数到第12次时，尾巴重新接回。

师：刚才谁猜对了？掌声送给他！

师：我们把刚才的活动记下来。我们把大的正六边形记作图1，小的正四边形记作图2。刚才转到第几次重新接回？

生：12次。

师：如果继续转，到第几次，尾巴还能重新接回？

生：24次！

师：24次。为什么是24次呢？

生：因为24是12的倍数，$12 \times 2 = 24$。

师：12×2，同意吗？

学生纷纷表示同意。

师：继续往下写？

生：36？

师：再继续？

生迅速回答：48，60，72……

师：还能写多少个？

生：无数个。

师：这个游戏叫"尾巴重新接回"。（板书课题："尾巴重新接回"）怎么样，好玩吗？

生：好玩！

师：如果再玩一次这个游戏，你们有没有信心猜对？

生：有！

师：这信心不错，来！请看屏幕。（出示画有动物的正八边形和正五边形）动物变了，更重要的是：图形也变了，几边形和几边形？

生：八边形和五边形。

师：（板书：8，5）转动几次，尾巴又能重新接回？

生：40次、60次、80次、120次……

师：这么多啊！来看看谁猜对了？请看屏幕，我来转，你们数。

教师通过课件来转动尾巴，学生同步数数：1，2，3，4，5，6……—一直转了40次尾巴才重新接回。

师：谁猜对了？掌声送给刚才猜对的同学！

生齐鼓掌。

这两个环节从实物图形的转动、验证、猜想，到课件转动的验证、猜想，不断递进，相互补充，但是始终充分利用了图形与图形边数的关系，让学生猜想再验证，即使猜错了也不要紧，因为学生同样能在猜的过程中对问题有了初步的思考。更主要是经过两次的猜想与验证，学生们已经开始对数据有了初步的感知，对"公倍数"有了粗浅的认识，学生们已经可以意识到尾巴重新接回的次数与图形的边数有关系。

（三）记录工具梳理规律，引出公倍数

师：这么好玩的游戏，你们想不想自己来玩一玩？

生：想！

师：好，听清楚老师的要求。待会儿老师会给你们一些这样的图片（出示正五边形和正四边形、正八边形和正四边形的两组画有动物的平面图片），你们以小组为单位，也像刚才那样，先猜、再转、最后将数据填在表格里，表格是这样的，能看懂吗？

图1的边数	图2的边数	首次接回转动次数	二次接回转动次数	三次接回转动次数	……

生：能。

师：图片和表格就放在学具袋里。开始！

各小组成员分工合作，有序地进行猜测、操作、数数和记录。活动一结束，教师迅速将表格收起来，并将数据记录在黑板上。

6，4：12，24，36……

8，5：40，80，120……

8，4：8，16，24……

5，4：20，40，60……

师：我刚才认真看了同学们的记录，我发现拿到相同图片的小组数据都是一样的，我已经把它写在黑板上了。没问题吧？

生：没有。

师：刚才，我们总共玩了3次尾巴重新接回的游戏，得到了这样一些数据。

教师将数据整理到屏幕上。

师：第1次，只有××猜对了；第2次，猜对的人多了起来；到第3次你们自己玩的时候，我发现很多同学一下子就猜对了。你们是不是发现了诀窍、规律或奥秘？那奥秘是什么呢？（师补充板书："奥秘"，完整展现本节课的课题"尾巴重新接回的奥秘"）尾巴重新接回的奥秘是什么呢？即重新接回的次数与什么有关？又是怎样的关系呢？

师：有的同学已经有想法了。这样，先请大家在小组内说一说，再把你们小组的意见写在2号作业纸上，然后我们再请小组代表来汇报。

学生小组讨论，教师边巡视边参与学生的讨论。

学生通过亲自动手玩后再将实验结果记录下来，这就是一个梳理的过程、思维碰撞的过程。一个简单的记录表可能很难发现其中的规律，但是在记录数据时数与数间的联系与规律便在学生的脑海中埋下了"火种"，最后在小组内汇总时，几组不同的数据一起呈现，那其中的规律便显而易见。此时"公倍数"也就自然而然的引出，学生也基本能初步理解其概念。

（四）汇报工具交流思考，巩固公倍数

师：刚才各小组讨论非常积极，有很多新发现。下面我们请小组代表来汇报。先请这个小组来！

生1：我们小组发现：两个图形边数相乘就能得到一个重新接回的数据。

师：你能不能到这里来，结合黑板上的数据来说说你们的发现？这样，大家会听得更明白些。

生1：比如说4和6，它们相乘得24，而24在这里就是一个重新接回的数。5和8相乘得40，40也出现在重新接回的数中……

师：这是他们小组的发现，你们对他们的发现有什么看法吗？

生2：我觉得这样虽然可以找到一个重新接回的数，但是不能找全，而且不能保证找到的是第1个。

师：你能不能像他那样也举个例子，举例说明你的观点。

生2：比如说当图1的边数是6、图2的边数是4时，它们相乘的积24是第2次重新接回的数！当图1的边数是8、图2的边数是4时，它们的积32是第4次重新接回的数了！

师：哦！我听明白了，你们的意见是不是这样，虽然两个图形边数乘起来，能够得到其中一个重新接回的数，但是……

生2：不能得全！而且有时候第1次重新接回的数也得不出来。

师：你们听明白了吗？虽然乘起来能够得到其中一些重新接回的数，但是还有一些数，它们并不是两个边数的乘积，也重新接回了。那你们对他们小组的发现怎么评价？

生2：他们的发现是对的，但是不完整。

师：是对的，但是不完整，（问汇报的生1）你们能接受吗？（汇报的生1点点头）好的！谢谢！但是她能够勇敢、大胆地第一个上台向所有的同学及老师汇报，我觉得这一点值得我们给热烈的掌声！

师：接下来我请——好！你们小组也来汇报！

生3：我们小组发现重新接回的次数既是图1边数的倍数又是图2边数的倍数。

师：你能不能也像刚才那位同学一样，结合黑板上的数据来说明？

生3：比如说12，24，36，都是尾巴重新接回的次数，12既是6的倍数又是4的倍数，24是6的倍数也是4的倍数，36是6的倍数和4的倍数。

师：其他组数据呢？

生3：也是一样的，40是8的倍数也是5的倍数，80是8的倍数也是5的倍数，120是8的倍数也是5的倍数。

师：其他两组数据也是一样吗？

生3：是的。

师：这是他们小组的发现，你们对他们的发现有什么看法？

师：那好！我们鼓掌一致通过！

师：同学们，通过刚才大家的讨论和汇报，看来尾巴重新接回的次数与什么有关？是什么关系呢？

生：既是图1边数的倍数，同时，也是图2边数的倍数，是它们共同的倍数、公共的倍数！

师：同学们，像这样的数，同时是两个数公共的倍数，在数学上有一个专有的名称，叫公倍数。

师：那黑板上这么多的公倍数，你们觉得哪一个最重要？

生：最小的那个。

师：为什么？

生4：因为知道了最小的公倍数，就能找到其他的公倍数。

师：怎么算？比如说，我已经找到了最小的公倍数了，其他的怎么算？第2个？

生4：就是第1个数的2倍。

师：第3个？

生：3倍。

师：第5个？

生：5倍。

师：乘5就行了，对吧？第100个？

生：100倍。

师：第10000个？

生：10000倍。

师：对吗？谢谢！

师：（指着公倍数中最小的那些）像这样的数，在公倍数中是最小的，它们也有一个专有的名称——最小公倍数。

师：尾巴重新接回的次数就是多边形边数的公倍数，第1次接回的次数就是边数的最小公倍数！（师板书：公倍数、最小公倍数）齐读！

生：公倍数、最小公倍数。

师：原来尾巴重新接回的奥秘就是这个！

汇报的过程中的师生对话、生生对话看似随意，其实恰恰相反，都是老师精心的准备，该呈现哪些数据和想法来激发学生对这个问题的思考，老师了如指掌。正因有了这样的对话和交流，才使得学生们对公倍数与最小公倍数的了解更加深刻。学生在分享、表达的同时，再次学习和梳理知识点。这样的汇报不流于形式，不只关注上等生，将还不完善的资料当成课堂生成无限放大，让给学生由不确定到肯定，这就是教学的智慧。

二、抛弃工具，在猜测与尝试中发展公倍数

师：那如果现在还让你们玩这个游戏，会猜吗？

生：会！

师：有把握吗？

生：有！

师：不能转动图片哦！

生：行！

师：比如说正八边形和正六边形，要知道六边形至少转动几次尾巴重新接回，其实就是求8和6的——

生：最小公倍数。

师：8和6的最小公倍数，有同学已经想到了，多少？

生：24！

师：哦？这么快！有把握吗？你们能不能把自己的想法写下来？请拿出练习本，把你们找8和6的最小公倍数的过程写下来。

师：有的同学已经算出来了，有的同学还在计算。这样，我先请一个做得快的同学跟大家交流交流。

投影出示一学生的做法：

6：6，12，18，24，30。

8：8，16，24，32，40。

生：我先找出6的倍数和8的倍数，再找它们共同的倍数24。

师：哦，我听明白了，他是先写出6的倍数，再写出8的倍数，再找出它

们共同的倍数24。

师：能明白吗？谢谢！

师：刚才老师在下面看的时候，发现还有一种很特别的做法，老师在屏幕上展示，看看你们能不能看懂？静静地看，不说话。

6的倍数：6，12，18，24，30。

8的倍数：×，×，×。

6和8的最小公倍数是24。

第一次重新接回的次数是24。

师：谁能看懂？

生：6不是8的倍数，12也不是8的倍数，18也不是8的倍数，24既是6的倍数也是8的倍数。

师：能听明白吗？

生：能。

师：你还想说，你也说说。

生：这种做法是找6的倍数来比较，看是不是8的倍数。我觉得因为我们要找的是8和6的公倍数，因为8大一些，我们可以用8来试，这样找得更快一些。

师：你的思维很快，我们先把他的做法弄清楚，再来看看你的做法。

师：他的做法是，依次将6的倍数写下来，看看是不是同时也是8的倍数。6的第一个倍数6不是8的倍数，12不是8的倍数，18不是8的倍数，24是8的倍数。这样24就是8和6的最小公倍数。

脱离工具让学生猜测、尝试寻找公倍数和最小公倍数的过程，就是让生活问题又抽象回数学问题，直击数学学习的本质。从给拐杖到去拐杖，这是学生思维的一个进阶，也是学生学会解决问题的一种关键能力。如此一来，学生在猜测与尝试找到公倍数与最小公倍数的方法中，对其概念的理解又更深一层了。

在扑克游戏中体验数学思想

——"扑克牌中的奥秘"听课思考

工具在理科的学习中发挥着非常重要的作用，不仅能调动学生的学习积极性，还可激发学生的形象思维。时下在小学数学学科中，较为流行的有数学魔术、数学游戏、数学绘本等工具。那么如何将这些外延的资源进一步整合开发，赋予数学本质内涵的魅力，使得课堂素材更丰富、学生学习更快乐、教师教学更轻松。深圳市宝安区翻身小学史颖慧老师执教扑克牌中的奥秘一课便是很好的范例。她利用一副简单的扑克牌，一个具有探究性的游戏工具，让数学课堂变得有趣有味。

一、魔术游戏，引出课题

师：同学们，你们喜欢看魔术表演吗？

生：喜欢。

师：老师给同学们变一个魔术，想不想看？

生：想。

师：我想请一位同学和我一起变这个魔术，谁愿意？

将扑克牌洗匀，让学生随机抽一张，并记住它是什么牌。学生将这张牌放回牌中，老师快速洗牌后，可以迅速地把这张牌找回。

师：魔术里面蕴藏着许多奥秘，很神奇。其实扑克牌中也蕴藏着许多数学奥秘，今天，我们就用扑克牌探索与数学有关的奥秘。（板书课题：扑克牌中的奥秘）

点评：一个简单的魔术，一副简易的扑克牌，神秘的游戏氛围，让学生的学习热情高涨，精神高度集中。这就是低年段儿童的特性，对新事物始终保持探究的欲望，对新东西有着寻根问底的精神。因此，在低年段的教学中，工具的作用至关重要。

二、换牌游戏，寻找奥秘

师：这节课我们将通过游戏的形式来探索其中的奥秘，在游戏之前，我们要知道什么？

生：游戏规则。

师：没错，接下来请同学们仔细分析游戏规则，介绍规则如下。

动画播放：

（1）6个人一小组玩游戏，1个人当庄家、1个人当记录员、另外4个人当玩家；

（2）庄家准备好3张扑克牌，分别是1张大王和2张小王，将这3张扑克牌打乱后反扣在桌面上；

（3）4个玩家轮流跟庄家玩游戏，玩家从桌面上任选1张牌（不许翻看正面是什么牌），庄家从剩下的2张扑克牌中拿走1张小王；

（4）此时，在桌面上庄家和玩家各有1张牌。玩家可选择将自己的牌与庄家交换，也可选择不换；

（5）最后看大王在谁的手里，如果玩家手上的牌是大王，则玩家胜，若不是则庄家胜。

（6）每一轮游戏结束后，记录员将结果记录在下面的表格中。

第几次	1	2	3	4	5	6	7	8	9	……	20
抽到的牌											
是否换牌（是画√，否画×）											
是否获胜（是画√，否画×）											

师：我想找两位同学上来跟我试着玩一下，谁愿意？

老师与两名学生合作，示范游戏玩法。

师：同学们，你们看懂游戏规则了吗？想玩吗？

生：清楚了，想玩。

师：这节是数学课，我们要学会用数学的方法来玩游戏。所以，在游戏的过程中，请同学们思考一个问题，玩家怎么玩才容易获胜呢？

学生开始游戏，教师巡堂参与讨论。

点评：教师的作用是不可忽略的，在学生有疑问时给予示范引领，在讨论时要设置问题、给出提示，更要点拨引发思考。这节课上，史老师不紧不慢，适当地凸显自身的弱势，将课堂交给学生，让学生思考、表达，这是真正的民主课堂。

师：刚才看到同学们玩得热火朝天，不知有没有悟出其中的奥秘。下面请每个小组整理下各自的记录表，分析记录的数据，看看会有什么发现。

学生展开讨论，教师参与并抛出各种问题。

师：哪个小组愿意与大家分享你们发现的结果？

组1：我们组玩家共有12次选择换牌，其中只有5次获胜。从中我们可以得出，玩家选择不换牌，获胜的机会大一些。请问同学们，你们有质疑和补充的吗？

组2：我们小组的结果跟你们不一样，我们组玩家共有10次选择换牌，其中有7次获胜。从中我们可以得出，玩家选择换牌，获胜的机会大一些。

师：现在出现了两种不同的意见，请问其他小组，你们赞成哪个小组。请赞成第一组的举手。

学生统计各自的数据，并决定赞成哪个小组。

师：8个小组中，共有6个小组觉得玩家选择换牌容易获胜，还有两个小组不同意。究竟如何选择才容易获胜，需要我们深入地分析背后的奥秘。哪个小组同学能深入地分析这背后的原因吗？

组4：我们觉得玩家选择换牌或不换牌，获胜的可能性一样大。因为庄家把小王拿走之后，剩下的那张牌不是大王就是小王，它们的可能性是一样大的，能否获胜主要看运气。

组2：我们反对，第4组的这种想法，忽略了玩家的那张牌是从3张牌中随机摸出来的。刚开始，庄家一共有3张牌，1张大王，2张小王，在玩家摸到的牌中，摸到小王的可能性大些，庄家手中剩大王的可能性大，所以玩家选择换牌，赢的可能性大。

师：你们能明白第2组的说法吗？哪个同学能再说说。

生：一共有3张牌，其中2张小王，玩家随机从3张牌中摸出1张，摸到小王的可能性是3份中的2份，所以玩家选择换牌，赢的可能性大。

师：你们同意这种说法吗？

生：同意

师：为了清楚地表示出摸牌的过程，我们可以把可能出现的情况逐一列举出来。

师生共同填写下表。

玩家手中的牌	庄家手中的牌	
大王	小王A	小王B
小王A	大王	小王B
大王B	大王	小王A
	留在手中的牌	拿出来的牌

点评：通过引导不同意见的小组进行了交流，但是仅仅通过表达对于学困生来说，可能比较难以理解，于是教师借助表格"工具"让学生边说边写，降低了难度，也更加直观明了。

师：有哪位同学能借助这个表格，再来说一说这个游戏的奥秘吗？

生：从这个表中我们可以看出，庄家拿走手中的那张小王之后，留在手中的牌，共有3种情况。其中有2种是大王在手上，所以玩家选择换牌的可能性大，是3份中的2份。

师：不是说玩家选择换牌，获胜的可能性大吗，那为什么会出现刚才的第1组同学正好相反的数据出现呢？

生：虽然说玩家选择换牌，获胜的可能性大，但是也有可能无法获胜。这里面还是有运气在的。

师：从理论上分析，的确是选择换牌，玩家容易获胜。但是玩家不换牌也有可能获胜，这时靠的是运气。

师：刚才，我们通过一一列举的方法，把所有的情况逐个列举出来再从中分析，找到游戏的奥秘。其实这样的方法，在数学学习中经常会用到。我们把这样的方法叫逐一列举法。（板书：逐一列举）

点评：爱玩是儿童的天性，这个探究的过程从老师带着学生玩到学生自己动手操作，层层递进。更主要的是，学生在自己玩的过程中，在分析、讨论、分享数据的过程中，明晰了其中的奥秘。当然，老师有意设计的学生汇报顺序让这节课有了高质量的思维碰撞点。当学生产生了较多疑问时，再利用直观的工具将数据结果加以梳理呈现，让学生一目了然，理解个中缘由。

这个神秘、有趣的环节，虽然截至目前与数学的关系还不算太密切，但是在师生互动时，有序的数学思考与枚举的数学方法都有所运用，这才是它的高明之处。

三、变式游戏，再寻奥秘

师：同学们，还想玩游戏吗？

生：想！

师：接下来，我们将刚才这个游戏进行升级，你们敢接受挑战吗？

生：敢！

介绍游戏规则：

（1）6个人一小组玩游戏，1个人当庄家、1个人当记录员、另外4个人当玩家。

（2）庄家准备6张扑克牌，3张大王、3张小王。把每2张牌背对背贴在一起，制作成3张新牌，3张新牌的两面分别是：大王—大王、小王—小王、大王—小王。

（3）庄家将这3张新牌放在一个信封当中，打乱顺序，请玩家任意抽取一张放在桌面，不能看背面是什么牌。

（4）玩家猜一猜，摸出的那张牌的背面是什么牌，猜对了则玩家获胜，否则庄家胜。

师：同学们，你们听懂游戏规则了吗？那我找3位学生上来试玩一次？

学生演示游戏。

点评：前面是老师与学生示范，这里是学生之间示范。同样的环节，不同的处理，使课堂变得多样，学生的学习积极性更高，主体地位由此体现。

师：同学们，你们想不想也来玩这个游戏？

生：想。

师：玩家们想不想在游戏中打败庄家。

生：想。

师：那么我们需要先研究其中的奥秘。为了便于研究，我将这3张新牌复原为6张牌，并为它们编好号，分别是大A、大B、小A、小B、大C、小C。

师：我们同样以小组为单位讨论，并思考，大屏幕上的问题玩家怎么猜，更容易获胜？同学们可以在纸上画一画，写一写。建议你们参考刚学过的逐一列举的方法，寻找获胜的秘诀。

学生展开讨论，教师参与其中。

师：哪个小组愿意先分享你们的发现？

组1：假设我们抽到的牌正面是大王A，则反面是大王B；正面是小王A，则反面是小王B；正面是大王C，则反面是小王C。正面是大王的有两种情况，它们的反面一个是大王、一个是小王，所以看到正面是大王，猜测背面是大王和猜测背面是小王，赢的可能性一样大。

组2：我反对，第1组并没有把正面反面所有情况都列举出来。假设我们抽到的牌正面是大王A，则反面是大王B；正面是大王B，则反面是大王A；正面是小王A，则反面是小王B；正面是小王B，则反面是小王A；正面是大王C，则反面是小王C；正面是小王C，则反面是大王C。

师：你一共列举了多少种情况？

生：6种。

师：你继续讲你的发现。

生：从这6种可以看出，假设抽到的是大王，我们猜测大王赢的可能性大；若抽到小王，我们猜测小王的可能性大。

师：同学们，你们听懂他讲的了吗？

生：不论抽到大王还是小王，猜测正反面相同的，赢的可能性会更大。

师：哇，老师为你点一个大大的赞，你总结得真棒。

师：同学们，接下来请你们试一试这个游戏，检验刚才发现的奥妙是否正确。

学生游戏，教师参与。

点评：上一个环节是学生先玩游戏，再分享和剖析其中的奥秘。这个环节是让学生先思考，再游戏验证。两个不同层次的设计有梯度，开启了学生的思维。而且在没有进行游戏验证之前，学生们始终保持着对问题的探究欲望。显而易见的是，有了上一次游戏的铺垫后，学生对问题的思考是有方向的，能给我们带来更多惊喜。数学学习就是需要这样能促进学生思维发展的素材和学习方式。

四、还原游戏，揭晓奥秘

师：同学们，其实这个游戏来源于美国的一个电视节目，叫作"三扇门问题"。有3个完全一样的门，其中一扇门后藏着一辆汽车，另外两扇门后各有一只羊。现在让观众选择一扇门，主持人在另外两扇门中打开一扇，观众看到里边是一只羊。此时再给观众一次机会，可以坚持原来的选择，也可以改选另外一扇没有打开的门。如果观众最后看到的是车，这辆车就归其所有。如果同学们给这个参赛者一点意见，那么是选择换还是不换呢？

生：换。

师：这样可以把车带回去的可能性会更大。

师：这节课就是把三扇门的问题，利用扑克牌去研究。我们研究其中的奥秘是，可能性的大小，通过把所有出现的情况一一罗列，找到扑克牌中的奥秘，解决了有关可能性的问题。其实可能性在我们的生活中随处可见，只要同学们善于观察，善于思考，就会发现身边有很多有趣的数学问题。

点评：数学源于生活，高于生活。把生活中的问题数学化，是我们学习数学的基本目的。以数学的视角关注生活，会发现生活中处处有数学。这里还原了游戏的来源，即是一个证明。这个游戏隐含的数学问题那么有趣，却很少被人关注。可见世界上不缺乏美，只是缺乏"发现美的眼睛"。

总评：这是一节"好吃又有营养"的数学课，有趣的同时不乏浓厚的数学味，游戏的同时不缺深刻的思考。综观全课有如下特点。

（1）素材创新好。将电视节目改编成扑克牌游戏，不仅探究性强，趣味性和游戏性也非常浓厚，十分适合小学生的学习特点。因此我们可见整节课中，学生带着问题进行了探究、分享、梳理，逐步发现了其中的奥秘。

（2）课堂探究佳。老师通过引导学生围绕"换与不换"这个问题探究扑克牌游戏的奥秘，一次是先玩再猜，一次是先猜再玩，两个不同的探究层次，让学生的思考有据可依，又不断地向纵深发展。

（3）教师点拨妙。新课程强调教师的引导者角色及学生的主体性角色，这节课是典型的代表。教师适时地引发学生的思维碰撞，抛出质疑，自己居于幕后却时刻关注着学生的生成，及时给予无限放大。

（4）工具选择巧。扑克牌是学生熟悉的，但是这样玩扑克牌大多是第一次。对于一个熟悉的东西却又不熟悉的玩法，学生们是期待的、喜欢的。单纯玩"三扇门"的游戏让学生猜测并发现其中的奥秘，十分抽象，而利用扑克牌这个实物，学生可通过操作发现特征，这即是工具的优势。

第四节 研究课题，用专业的精神突破瓶颈

原国家教委副主任柳斌指出："凡事需要研究，才会明白，在各项研究中，教育教学研究是最重要的研究。"一个老师如果不随时代的变化而变化，将被学生"淘汰"。因此必须用发展的眼光，把遇到的新问题作为课题进行研究。它不一定能惊天动地，但它一定是基于现实问题的研究，其成果能给教育教学带来帮助。

师者即研究者，应如医生等专业人员一样，具有较强的专业能力，保持高度的专业精神，像医生般把教育中的问题当成疾病来医治。这要求老师必须研究教学中的"病因"。那么，如何做研究？如何做文献综述？如何做问卷分析？又是如何做结题报告？笔者在此作一探讨。

基于绘本的小学低段数学教学内容创生研究

开题报告

一、课题提出背景及拟解决的核心问题

（一）政策背景

新课程改革背景下，教师观发生了变化，从教学与课程的关系看，新课程要求教师应该是课程的建设者和开发者。随着核心素养的推进，更要求教师能够对教材进行重构，促进学生核心素养的发展。但反观小学数学课堂，存在两种极端现象。一个极端是不会创生，教师教学拘泥于教材，将教材内容等同于教学内容，教学流程处处体现着计划、线性和经验，无视课堂中的生成。另一个极端是无边界创生，为创生而创生，导致教师们在教学内容选择上随意而杂乱。钟启泉教授指出，一部分优秀教师对所创制的教学内容缺乏细致的总结和提炼，另一部分教师在教学中往往推出的是不自觉的、即兴的、无理据的或者仅以"我以为"的个人性反应为理据的教学内容，从来没有被要求作学理的审查，从来没有被要求验证它们与目标达成的关联。教学内容创生缺乏一定程度的理性指导，极易形成盲目、混乱，甚至是无作为现象。因此如何使得教学内容的创生既能作为学科教学的一个补充，还能适合当前学生的学习特征，亟须解决。目前，以课程的大局观去完善教学内容，打造出学生爱学、乐学且学科本质内涵凸显的课程资源具有研究的价值。

（二）现实背景

"蓬勃发展"的补课市场不仅照应出应试教育给学生带来的压力，同时

也反映出学生在课堂教学中并未理解知识点，尤其以数学课堂为重。数学学科向来是大部分学生认为难学的学科之一，这一方面可能是由数学学科特点决定；另一方面是教师提供的教学内容过于枯燥，数学课堂过于平淡或未能激发学生学习欲望所致。其实数学学科不仅具有很强的思维性，还具有内在美的一面，比如"回文数""杨辉三角""数字黑洞"等有趣素材，都是学生非常喜欢的，这需要教师对一些素材进行收集与整理，进而融合。根据皮亚杰的认知发展理论，低年段学生思维处于前运算阶段到具体运算阶段的过渡期间，学生认知的发展水平不高，很大程度上要依靠具体事物的支撑。这一特点决定了教师的教学应具体化，符合当前阶段学生的认知水平，而有趣的绘本故事、学习工具等便可以起到非常好的作用。而目前无论是对绘本的使用还是对于工具的开发，很多老师都会忽略了它们与数学教学内容本质的联系，往往只是走偏到一个侧面。

（三）已有研究的不足

通过文献梳理，发现虽然有大部分研究内容集中于教学内容创生，但是研究聚焦于知识层面的创生，忽视了问题创生与思维创生。美国学者古德莱德将课程分为五个层次：理想的课程、正式的课程、领悟或理解的课程、运作的课程、经验的课程。其中正式的课程是国家所规定的正式课程，要让它落在学生身上，需要经过教师的转换。其中领悟的课程指教师对课程的理解，运作的课程指实际教学过程中进行的课程，教学内容就是其中的一部分。因此，本研究将从学生主体出发，研究教学内容的创生，将教学内容变得具有趣味性、任务化、探究式、数学味的学习素材，让学生在学习的过程中不仅是学得皮层的知识，也能解读和领悟知识背后深层的内涵，真正体验到数学学科的学习是"好玩"且"有营养"的。

本研究拟从数学绘本角度切入，与数学学科部分知识进行融合或拓展，以更适合低年段学生认知发展水平的教学内容创设适合学生的学习内容，改变研究中教学内容的重构。同时，从知识层面的创生出发，通过数学绘本，激发更多的数学问题与思考，促进学习内容由知识创生走向问题创生和思维创生，从而实现学生思维进阶发展。

（四）拟解决的核心问题

如何解决小学低段数学教学内容缺乏趣味，学生学习兴趣不浓厚的问题；

如何在数学绘本与数学知识本质间搭起联系的桥梁，将教学内容变得"好玩"且"有营养"；

如何基于数学绘本，通过"调、改、创"等方式创生教学内容。

二、国内外研究现状述评

"教学内容创生"的概念源于"课程内容创生"。国外受"大课程"观的影响，研究成果集中在"课程内容创生"领域。施瓦布认为课程存在四个基本因素：学生、教师、教材、环境。教师最了解学生，所以教师不可能被动地、忠实地从事教学。他指出教师应把各种教学理论和自己的经验结合起来，形成自己的理论。接下来，吉鲁主张知识是旨在批判理解和解放的自我知识。主张教师对课程知识在个人理解的基础上加以批判调节，即教师就是课程的批判者。课程内容创生的做法早在20世纪就得到国外学者的支持，本研究将对我国教学内容创生的研究进行计量与内容分析，以总结成果，发现不足，明确前进方向。

（一）文献计量分析

这里以"教学内容创生"为主题词进行检索，索搜到42篇相关度高的有效文章，本研究将对这42篇文献进行综述，以了解我国"教学内容创生"现状与成果。

从发文数量看，学术界对教学内容创生的关注度有待加强；从年发文量看，教学内容创生的研究呈波动上升的态势，在2017年达到顶峰。详见图1。

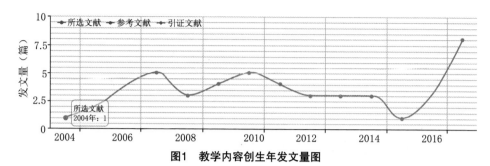

图1 教学内容创生年发文量图

从研究层次看，42篇文献中，博士论文2篇，硕士论文4篇，剩余期刊36篇，占总数的85.7%（详见图2），整体研究层次有待提高。

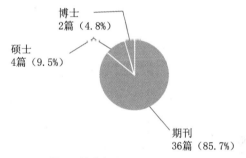

图2 教学创生文献研究层次图

从期刊来源看，有4篇期刊发表于《小学教学参考》，3篇文章发表于《语文教学通讯》，2篇文章发表于《语文学习》，大部分文章来源零散，难以统计，详见图3。另外还可以看出，教学内容创生的研究内容聚焦于小学阶段和语文教学两大方面，在其他学段及其他学科的研究较少。

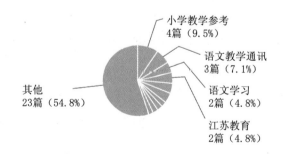

图3 教学创生文献期刊来源图

关键词是整篇文章研究对象与内容的浓缩与体现，本文对42篇文献的关键词进行共词分析，得出以下结论。从关键词共现图可以看出主要关键词及其之间的关系，详见图4。

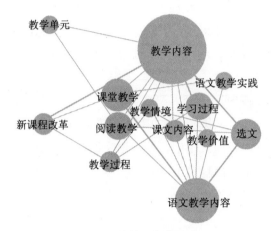

图4　关键词共现图

使用SPSS22.0软件对高频关键词进行共词分析，形成高频关键词图谱（详见图5），并结合图4，可以发现教学内容创生的研究主要集中在三大领域：从课程创生视域下的教学内容创生研究；语文阅读教学内容创生研究；基于分科教学法的语文选文教学内容创生研究。

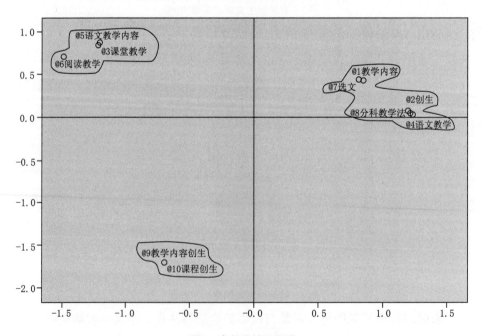

图5　高频关键词图谱

通过对教学内容创生的相关文献进行计量分析，我们初步得出以下结论：教学内容创生领域并未得到学术界的广泛关注，且研究层次局限于一线教学经验总结，尚未呈现系统的研究成果；教学内容创生的研究集中于语文阅读教学与选文教学，在小学数学教学中的应用几乎为零。

（二）文献内容分析

对已有文献的内容进行梳理，发现主要成果集中在三个方面：何谓教学内容创生，为何进行教学内容创生，如何进行教学内容创生。

1. 何谓教学内容创生

创生　词的含义为"创造产生，生而成长"，意味着增长与成长，是一个动态发展的过程。这一概念在现代课程观中得到了极大的重视。传统的课程观将课程看作静态的实物，教师对课程内容只能忠实地执行，而现代课程观强调"过程"与"生成"。在"大课程，小教学"观下，我们必须厘清何谓"课程创生"。它是指实施课程教学进程时，教师和学生的主观能动性的发挥，课程内容不断形成的过程，不断提升过程中的意义建构。其核心是师生主观能动性与创造性的发挥。（周淑卿，2006）"教学内容"是"课程内容"的下位概念，是教学层面的概念，从教的方面来说，主要指教师为达到教学目标而在教学实践中呈现的种种材料。它既包括在教学中对现成教材内容的沿用，也包括教师对教材内容的重构——处理、加工、改编乃至增删、更换；既包括对课程内容的执行，也包括在课程实施中教师对课程内容的创新。（王荣生，2003）因此，教学内容创生可以理解为教学不是忠实执行预设教学内容的过程，而是教学主体在特定教学情境中，创造教学事件，理解课程意义，生成"自己的经验"的过程。（陆红娟，2007）此外，在教学层面，亟须将教材内容与教学内容作区分，在一线，二者存在误用的现象。教材内容是相对静态的、稳定的，教学内容则是开放的、动态的。教学内容是在教学过程中创生的，教学内容具备了教材内容无法包含的内涵。（钱宏春，2014）

教学内容创生是师生在教学过程中的生成与创造，那究竟要创生什么？

有学者提出了教学内容创生的三个维度：知识创生、问题创生和思维创生。（李德才，2008）知识创生是最低的维度，指教师在教学过程中要对所要教的教材进行二度开发，结合自己的经验、学生的提问及一切可利用的教学资源进行重新建构，不断创生出新的知识内容。问题是教学的起点，教学过程往往是产生问题与解决问题的过程。问题的存在使得个体必须通过不断探究来获得有关新环境的各种信息，掌握解决问题的新方法，以实现对环境的控制。（张琴，庞丽娟，2005）因此，创生的第二个维度是问题的创生，教师在课堂教学中创设新的问题。教学内容创生的最高维度是思维的创生，学习是认知发展与建构的过程，其本质是思维的发展，一堂好课是能促进学生思维不断向前发展的。

教学内容创生受到多方面因素的影响，有学者将这些因素分为三类：资源、方法和主体。（李臣之，2007）资源要素包括教材、社区/校区、班组条件、社会习俗；方法要素包括教学策略、组织形式与物质条件；主体要素包括教师、学生、家长、行业人士和交往方式。其中，主体要素对教学内容创生的影响最大，其中教师扮演着至关重要的角色。

2. 为何进行教学内容创生

传统的课程与教学观，把教学看成教师忠实执行国家课程标准的过程。从学生主体的角度来看，这样的方式只能适合部分学生的发展，国家层面的标准与教材并不适合每个地区、每位学生的发展。这就需要教师对教材进行"调、改、创"，以达到学生发展目标，教学内容创生发挥着巨大的作用。简而言之，通过教学内容的选择和创生表达教师的教学理念，同时培养学生的知识、能力和情感，（沈毓春，2014）促进学科教学效能提高，（陆胜利，2008）以学生为主体，让学生变被动为主动，激发学生的求知欲，培养创新意识。（周瑜婷，2017）

3. 如何进行教学内容创生

在教学过程中存在两种极端，一种是将教材等同于教学内容，完全不对教学内容进行创生；另一种是为创生而创生，这种无边界的创生逃脱了学科的边界，效果适得其反。通过文献梳理，将教学内容创生的策略归纳为以下几点。

首先要立足于课程目标。教学的内容应指向课程目标的达成，而不是教师想教什么就教什么。（黄春青，2017）有学者提出"教学内容创生的自由空间"，强调教师对教学内容的开发和自身教学风格的张扬，应以课程目标为边界，做好课程内容、教材内容到教学内容的具体转化工作。（刘卫峰，2007）最终促进课程目标与教学内容和谐统一。（孔凡成，2017）

其次要深入解读教材。教材是课程目标和教学内容之间的中介环节，变教材内容为教学内容必须秉持整体性、本性和主体性的原则。（刘仁增，2014）教学内容的整合要突显中心目标，内容的拓展须彰显学科精神。（任伟，2015）这要求教师不断提升自身的教材掌控力，深入探究课文教学价值。有学者提出文本教学内容创生一看教材的编排体例或教材结构，二看教材的单元导语，三看"思考与练习"部分。（黄春青，2017）还有学者提出课程目标转化为教学内容的方法：将课程目标分解成一个又一个问题，将这些问题化解为一个又一个课程内容，再结合教材内容转化为教学内容。（孔凡成，2017）

最后要基于学生情况。有学者提出文本独特性和学情特点是确定教学内容的两个基点（张朝鑫，2017），学情特点包含以下三个方面：一是学生的生活，即学生的经验，教学内容创生绕不开学生的生活世界（柯华桥，2012）；二是学生的基础，即认知发展水平，以学生的发展现状和可能性为参照，最终实践为了每个学生充分达成课程目标的语文教育理念。（刘卫峰，2007）教师可以从学生学习的兴奋点、生长点、差异点和创生点出发，在灵活性与规定性统一的过程中不断优化学生的学习内容。（张胜满，2017）三是学生的需求（金德川，2010），即学生的兴趣，学生在教学内容创生中也有发言权，只有学生喜爱的内容最后才能转换成为真正的学习内容。

（三）研究反思

通过文献梳理，发现教学内容创设研究在国内并未得到足够的重视，但教师教学创生能力却能在教育教学中发挥着巨大的作用，可见，一线教师进行教学内容创生研究是非常有必要且有意义的。目前，相关文献集中在语文教学领域，也总结了一些有益的经验，但在数学教学领域，教学内容创生研究几乎空白。数学是培养学生思维的学科，数学教师不能拘泥于教材，数学教学内容创生的实践尤为重要。已有文献关于教学内容创生研究的策略非常丰富、全面，但缺少一线的实践，特别是从绘本角度进行创生的研究还未系统展开。本研究将立足于此，从数学绘本入手，对小学低年段的数学教学内容进行创生研究。

三、研究本体设计

（一）概念界定

1. 教学内容

教学内容指教学过程中同师生发生交互作用、服务于教学目的达成的动态生成的素材及信息。它是教学层面的概念，从教的方面来说，主要指教师为达到教学目标而在教学实践中呈现的种种材料。

2. 教学内容创生

教学内容创生可以理解为教师不是忠实执行预设教学内容，而是创造性地使用教学内容，包括对教材内容的重构——处理、加工、改编乃至增删、更换。

3. 绘本

绘本即图画书，顾名思义就是"画出来的书"，指一类以绘画为主，并附有少量文字的书籍。绘本不仅是讲故事、学知识，也可以全面帮助学生建构精神世界，培养多元智能。本研究中会对绘本进行重构、改编或再创，力求凸显数学的学科性与知识本质性。

4. 小学低段

小学低段指小学阶段的一、二年级。

（二）研究目标

1. 学生方面

激发学生对数学的兴趣与热爱，帮助学生理解数学中的偏、难的概念，提高学生的数学学习获得感，培养学生的综合素养；让学生体验到数学内在的"美"，改变对数学枯燥的印象。

2. 教师方面

转变教师课程观，使教师具有课程开发意识，并初步培养教师课程开发的能力，提升课堂教学效果；转变教师唯教材论的观念，培养教师利用和收集教材外的教学资源进行二次改造和整合的能力，拓宽数学教学的内涵。

3. 课程方面

创设适合学生生长的数学学习内容，建构具有特色的低年段数学校本教材，初步发展本校生长课程体系。

（三）研究内容

确定需要创生的数学知识点；

明确教学内容创生的路径；

选择合适的绘本教材进行内容整合、改编；

调查教学内容创生的效果。

四、研究思路、技术路线和重要观点

（一）研究思路与技术路线

其详细内容见下图。

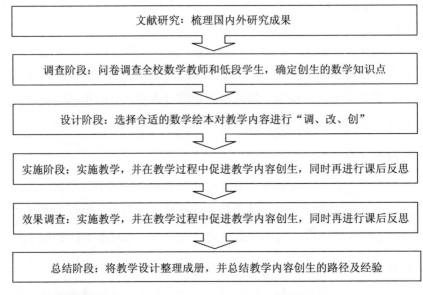

（二）重要观点

低年段数学教学内容创生势在必行，其中数学绘本是有效切入点；
教学内容创生应由知识创生走向问题创生和思维创生。

五、依托理论、研究方法、研究阶段和实施步骤

（一）理论基础

1. 皮亚杰认知发展阶段理论

皮亚杰的认知发展阶段理论包括两部分，一是认知发展观，皮亚杰认为，发展是一种在个体与环境的相互作用过程中实现的意义建构。他用图式、同化、顺应和平衡来解释这一过程。二是发展阶段论，皮亚杰把个体从出生到成熟的发展过程分为四个阶段：感知运动阶段、前运算阶段、具体运算阶段和形式运算阶段。其中感知运动阶段为0~2岁，儿童主要通过感知运动图式与外界发生相互作用，一般在9~12月，儿童获得客体永恒性；前运算阶段为2~7岁，儿童进入智慧发展阶段，思维开始具有符号性的特点，但其思维具有具体形象性、不可逆性、自我中心等特征，尚未获得守恒的概念。

存在泛灵论的思维。具体运算阶段为7~11岁，儿童具有了明显的符号性和逻辑性，能进行简单的逻辑推演，克服了思维的自我中心性，获得了守恒的概念，思维可逆。但这一阶段儿童的思维活动仍局限于具体的事物及日常经验，缺乏抽象性。形式运算阶段为11~15岁，儿童总体的思维特点是能够提出和检验假设，能监控和内省自己的思维活动，思维具有抽象性，思维可逆且具补偿性。

2. 建构主义教学观

教学是师生互动的过程，要为学习者创设一定的学习环境，为学习者提供学习的支持，促进学习者对信息进行选择、加工。教学中并不是由知识的简单传递，为了使学生能够主动探索和完成意义建构，必须为他们提供必要的资源包括图书、多媒体、网络等，并将资源的选择、使用和控制权交给学生，教师对学生力以指导，帮助他们学会如何获取信息、加工信息和利用信息，提高他们处理信息的能力。同时，依据维果茨基的最近发展区理论，学生的发展存在着两种水平，学生独立解决问题的实际发展水平和在教师的指导下解决问题的潜在发展水平，两个发展水平之间的状态是由教学决定的，教学不是消极地适应学生的发展水平，应该走在发展的前面，即教学可以创造最近发展区。所以，在教学中，教师不只是关注如何呈现、讲解、演示信息，更重要的是要关注学生对知识意义的建构过程，创设一定的环境，为学习者提供一定的支持和帮助，促进学生自己主动建构知识的意义，促进学生从一个发展水平走向更高的发展水平。

3. 课程实施价值取向原则

辛德、博林和朱姆沃尔特提出课程实施取向三原则：即"忠实取向""相互调适取向""课程创生取向"。传统的课程开发模式把教师在课程中的地位边缘化，是一种"防教师"课程。教师只需忠实地、按部就班地执行课程计划，把学生看作知识的接受者，学生把教师看作知识的传授者。教师和学生在课程实施过程中，自主性受到压制，创造性被扼杀。课程理解范式下的课程，注重课程中教师和学生的共同体验，课程实施本质上是在具体教育情境创造新的教育经验，既有的课程计划只是供经验创生过程选择的工具而已。创生取向关注的是课程实施主体的在价值，其理念体现了课程实施的体验性、创新性以及生命性特性，充分体现了师生的自主性、能动性和创造性。

（二）研究方法

问卷法：基于数学教师访谈，对全校低段学生发放调查问卷，了解他们数学学习的困难点。

访谈法：访谈法是指通过访谈人员和受访人面对面地交谈来了解受访人的心理和行为的一种基本的研究方法。本研究拟设计教师访谈提纲，了解低年段学生数学学习的困难和学习内容创生后教师与学生的体会及效果。

文献法：以"教学内容创生"为主题进行检索，对"中国学术期刊网络出版总库""ERIC"等数据库进行文献检索，梳理当前国内外关于此主题的研究现状，总结当前研究的成果和不足。

行动研究法：在相关情况调查的基础上，选取典型绘本故事进行学科融合及改编，然后跟进教学实践，对各位教师在课堂中成功运用绘本的案例予以分析、研究，整理有效的教学资源与学习素材。

（三）研究阶段

文献研究阶段（2018-03—2018-05）：通过对国内外相关文献的整理，梳理学习内容及其相关概念的研究成果，明晰本研究的价值与发展方向。

问卷调查阶段（2018-05—2018-06）：通过向全校数学教师和低年段学生发放问卷，调查学生在哪部分数学知识点学习中存在问题。

案例设计阶段（2018-06—2019-12）：根据问卷数据，选择适合的数学绘本进行切入，对教学内容进行"调、改、创"，设计新的数学教案。

教学实施阶段（2018-09—2020-06）：在课堂中实施教学，并在教学过程中抓出生成，促进学习内容创生，同时在进行课后反思，对教学设计进行完善。

效果实施阶段（2020-03—2020-05）：通过问卷与访谈，调查师生对新学习内容的满意程度，是否能够促进学生思维的发展。

经验总结阶段（2020-03—2020-06）：经过两年教学实践，将教学设计整理成册，并总结学习内容创生的路径及经验。

（四）实施步骤

完善研究计划：针对专家对开题报告中提出的相关问题，修改研究内容、方法以及计划。

阅读学习：组织课题组成员阅读相关书籍，重点是教学内容创生的理论，对课标系统研读，不断提升指导实践的理论认知。对课题组成员进行任务分配，设置任务进度表。

查阅整理文献：组织各位成员查阅文献，梳理研究成果，总结出行之有效的教学方法，该阶段中，成员可结合自身教学实际撰写相关论文。

开展行动研究：一是按照儿童学习不同概念的方式，对小学生喜欢的绘本故事进行改编、整合、创生，形成优秀的案例集。

整理研究成果：在理论和实践研究基础上，整理教学内容及案例，撰写结题报告。

研究成果提升：进行结构化的梳理、整合、拓展，争取在结题后半年内将教学成果汇报成册。

六、预期成效成果

小学低年段数学校本教材及教学资源；

学生作品；

研究报告和论文。

（本文与宝安区海城小学赖允珏老师合写）

宝城小学三、四年级学生口算能力自测调查分析报告

一、调查目的

许多老师在教学过程中发现，小学生在做计算题时，普遍有轻视的态度，一些计算题并不是不会做，而是由于注意力不够集中、抄错题、运算粗心及缺乏计算技巧等造成错误，也有一些是由于学生没有掌握正确的计算方法，导致作业的质量不高。计算能力作为一种基本技能，在教师眼里应该是很简单的、理所当然会的技能，其实不然。学生的计算能力很大程度取决于良好的学习习惯和思维习惯等，而这些良好习惯的养成很大程度上取决于小学生低年级的计算学习。

为此，在进行口算训练对学生计算能力的提高培养研究前，对学生的口算能力来一次基本的检测，有利于老师了解学生的基本情况和指定研究的计划与方向。

二、调查对象

深圳市宝城小学三年级6个班共327名学生，四年级两个班共107名学生。

三、调查方式

学生按课标要求在12分钟内完成50道口算题目，其中包含有加减乘除基本运算、个别技巧运用题目及利用算式基本关系解决的题目。

四、调查结果

（一）班级整体调查情况分析（见表1~2）

表1　三年级各班整体情况分析表

班级	参考人数	A 100~90	B 89~80	C 79~70	D 69~60	E 59以下	优良率 /%	合格率 /%
1	56	34	19	2	0	1	94.60	98.20
2	53	23	12	10	5	3	66.10	94.40
3	56	29	16	7	1	3	80.40	94.60
4	54	23	16	12	3	0	72.20	100
5	52	21	17	8	3	3	73.10	94.20
6	56	25	18	6	2	5	76.79	90.10

表2　四年级抽样两个班整体情况分析表

班级	参考人数	A 100~90	B 89~80	C 79~70	D 69~60	E 59以下	优良率	合格率
2	55	4	10	15	9	17	25.5%	69.1%
5	52	33	15	2	2	0	92.3%	100%

从两个年级总体情况看可发现：

（1）这次口算测试正确率不太理想，每个班都存在一小部分的学困生，高分层人数不算特别多。

（2）班与班间还是有一些差距，此次检测由数据显示：三年级1，3班学生的口算能力远超其他班级，优秀率相差比较大。而四年级两个班也存在较大差距，主要是因为2班学生的测试时间不够，当5班的测试时间延长5分钟后正确率和完成度都提高很多。可见，有些学生不是不懂，而是计算速度太慢。

（3）从答题整体上看，三年级学生前40题的正确率相对比较高，对于100以内的加减法、简单的两位数乘一位数、除数是一位数的除法等基本的运算还是掌握比较好，但是也存在一部分学生对于除法部分掌握比较差；四年级学生加、减、乘运算掌握比较好，除法存在比较多问题，计算技巧也比较缺乏。

（4）不爱思考、急于下笔、审题不清、心浮气躁也是学生存在的通病，因此致学生出现一些不必要的低级错误。

（二）完成任务情况分析（见表3~4）

表3　三年级学生完成任务情况统计表

班级	按时完成任务人数	未按时完成任务人数
1	53	3
2	35	18
3	46	10
4	33	21
5	39	13
6	37	19
合计	243	84

表4　四年级学生完成任务情况统计表

班级	按时完成任务人数	未按时完成任务人数
2	20	35
5	49	3
合计	69	38

从数据中可见：三年级未能按课标要求完成任务的人数占了25.7%，比重比较大，因此学生的计算速度比较慢；四年级未能按课标要求完成任务的人数占了35.5%，占的比例比三年还要多，而四年级当其中一个班延长一半时间后完成量大幅度提高，从中反映了学生的计算速度问题。而根据监考和卷面分析，这主要与学生答题技巧（遇到难题不跳过）、学习习惯（不专注、游离）、学习兴趣（厌恶计算、不想做）等密切相关，当然也有个别学生基本运算能力还未能达到要求，例如20以内加减法、乘法口诀等不熟练，导致无法继续后续的计算学习。

（三）学生错误情况分析

出现错误比较多的题型：

三年级：$24 \times 5=$　　　　$508 \times 3=$　　　　$207 \times 8=$　　　　$125 \times 16=$

$8 \times 9+8=$　　　　$126 \div 6=$　　　　$604 \div 4=$　　　　$812 \div 4=$

（　　）$\times 8=96$　　（　　）$\div 2=56$　　$9 \times$（　　）$=99$

$1000-$（　　）$=405$　　$128+$（　　）$=268$　　　　$185-29-85=$

四年级：$125 \times 16=$　　　　$21 \times 12=$　　　　$8 \times 9+8=$　　　　$25 \times 12=$

$660 \div 3 \div 2=$　　　　$910 \div 13=$　　　　$600 \div 50=$　　（$567-567$）$\div 90=$

$1-5/9=$　　　　　　$125 \times 32 \times 59 \times 0=$　　　　　　$4/1+7/1=$

错误分析：

1. 不良学习习惯造成的解题错误。例如，相当一部分学生得到这样结果：$24 \times 5=100$，$207 \times 8=216$，$807 \times 7=5614$。这样的错误主要是受思维定式干扰、审题不认真，或者进位不清等学习习惯的影响。

2. 缺乏计算技巧、数感不强。例如，$125 \times 16=2060$，$25 \times 12=550$，$8 \times 9+8=90$，等等。这些错题明显反映出，学生没有理解乘法的意义，很少有人想到$125 \times 16=125 \times 8 \times 2=1000 \times 2=2000$，$25 \times 12=25 \times 4 \times 3=100 \times 3=300$，$8 \times 9+8=8 \times 10=80$。就算是做对的学生也是基本利用竖式计算得到。再有像"$910 \div 13=$"和"$21 \times 12=$"这些题目很多学生明显无法入手。

3. 没有掌握计算方法。例如，$604 \div 4=18$，$812 \div 4=23$，$125 \times 16=150$，$27 \times 4=828$等。学生没理解算理，导致出现前述错误。

4. 不理解算式中量与量间的关系，没厘清算式中各部分的意义。例如（28）$\div 2=56$，（18）$\times 8=96$，$1000-$（24）$=405$，$9 \times$（10）$=99$，当把基本计算变成一些求逆关系的量时，学生就不能理解，证明没真正理解，也没有利用关系进行验证的学习习惯和思考方式。

五、结论与建议

（一）结论

从测试整体情况上看，绝大部分学生较好地掌握了口算的方法，能正确计算出结果，口算能力较强，但学生个体之间差异显著。分析测试结果的数据，发现存在以下问题。

1. 速度差异较大

数学课程标准对口算的速度有明确要求：20以内的加减法每分钟8至10题，三位数以内的加减法每分钟2至3题。此次测试，时间与题目数量安排得当，有足够的时间全部完成。但是，规定时间内完成的人数而准确率高的占测试人数的47.4%。没有全部做完的学生占测试人数的25.7%，其中6%的人数口算速度较慢，仅完成一半试题。

2. 正确率两极分化严重

90分以上仅占47.4%，全体优良率为77.4%，合格率占测试人数的95.4%。学生错误原因具有普遍性，主要包括四种：①感知粗略。对相似、相近的数据或符号容易产生感知失真，造成差错。如一些学生常把"＋"看作"－"，把"12"写成"21"等。②注意失调。如单独口算"185－29"和"156－85"等口算题，大部分学生能算准确，而把两题合起来时，算"185－29－85"，学生往往忘记进位而造成差错。③缺乏技巧，很多学生数感不强，不会变通和联想，不会将"125×16"与"125×8"拉上关系。④量与量间关系理解不清晰，像"（28）÷2＝56"这样的错误也层出不穷。另外，还有题目未看清就匆匆动笔、做完不检查等不良学习习惯。

3. 口算方法思维含量低

测试过程中，有部分学生在进退位计算时扳手指计算，过分依赖机械操作，头脑中对"分解""凑十""合并"的表象模糊，想象不出"凑十法"等简算的具体过程。同时，有个值得关注的现象——多数学生采用"笔算式"口算方法。即数位对齐，从低位算起，按部就班地操作这个程序即可。在这样的过程中，学生的心智活动很少，虽也能得到正确结果，但速度较慢，花费时间长，同时丢掉了更有价值的思维锻炼过程。

（二）建议

1. 要了解学生的思想动态和情感状况

对不认真而出现的错误，让学生从思想上重视，同时要提出改正方法，要求学生在限定时间内逐渐消失，例如：学生交作业前注意检查，在上课时随时提醒，批改作业时用醒目的符号标出等。

2. 养成良好习惯，保证计算的正确性

计算中出现的错误，大多数是粗心大意、马虎、字迹潦草等不良习惯造成的。因此，良好的计算习惯是提高计算能力的保证。

3. 熟记常用数据，提高计算速度

在运算中，如果学生熟记一些常用的数据，比如25×4，125×8，25×8等，有助于学生计算能力达到"正确、迅速、合理、灵活"的要求，及较好地掌握计算的技能技巧。

4. 有目的地坚持训练和提高

口算训练是枯燥无味的，教师要适当地以调动多种感官参与的方式，强化和培养学生的兴趣，让学生不厌恶、不排斥。有效的训练则能不断提高学生的口算能力，最终提高学生的综合计算能力。

六、一点思考

在课改的今天，一些老师认为课程改革降低了对学生计算能力的要求，计算教学不那么重要了，进而放松了对学生计算技能的培养。这是一个误

区。实际上,学生的计算能力直接影响其数学能力。因此,在计算教学过程中,老师应该首先从思想上重视计算内容的教学,根据小学生的心理特点,培养学生养成良好的学习习惯,通过加强练习,不断地提高学生的计算能力,进而发展学生的思维水平和提高学生的数学能力。

提高四则混合运算正确率及简便运算技能的策略研究

结题报告

一、课题研究的背景

计算是人们在日常生活中应用最多的数学技能，也是小学数学教学的基本要素和重要内容。良好的计算能力是学生今后生活、学习、参加社会活动所必备的基本素养之一，所以培养学生的计算能力是小学数学课堂教学的一项重要任务，也将为学生今后进入中学更好地学习数学奠定扎实的基础。但是在实际教学中我们不难发现在改用新教材后，学生的计算能力的明显减弱，而且学生在高年段后简算意识不强，对运算定律只识其"形"，未解其"神"，导致使用简便运算问题频出，另外由于老师与学生只重视的笔算能力，忽视口算能力和估算能力，因此没有打牢口算这个地基，在建构四则混合运算这座房子时，也出现不少问题。由此可见，进一步提高学生在这两方面的能力是十分有必要和研究价值的。

二、课题研究的意义

《义务教育数学课程标准（2011年版）》中提出的10个核心概念：第一个核心概念是数感，第六个核心概念是运算能力。显而易见，有关计算，在十个核心概念中占据两个。运算是数学的重要内容，在义务教育阶段数学课程的各个学段中都占有很大的比重，运算能力的提高又对培养数感有直接影响，而数感又是新课程标准中强调的最应该培养起来的数学素养，是促进学生发展的重要方面。

从小学数学教材编排内容来看，与计算相关的内容占有很大的比例，比如空间与图形部分关于面积和表面积、体积的计算；解决实际问题的解题思路、步骤、结果要通过计算去落实；至于简易方程、比例、统计图等知识无不与计算密切相关。另一方面从我校的教学实际出发：由于各种原因导致学生计算能力参差不齐，而随着学生年级的升高，知识面的拓宽和加深，学生的计算越发暴露出一些问题，这样势必会使学生学习数学的兴趣受到一定的影响，给今后的初中学习带来不利因素。为了更好地贯彻课标精神，有效地提高学生的计算能力，我们提出了在某校五、六年级学生中开展提高"四则混合及简便运算"正确率的策略的研究。

三、课题研究的界定

1. 四则混合运算

加法、减法、乘法和除法，统称为四则运算。加、减法是第一级运算，乘、除法是第二级运算，四则混合运算是指包含两级运算及小括号、中括号、平方等中的一种或多种的运算叫四则混合运算。

2. 简便运算技能

简便运算是一种特殊的计算，它运用了运算定律与数字的性质，从而使计算简便，使一个较为复杂的计算变得容易计算甚至可以直接口算。在教学中则是指教师以教材为依托，通过有效的方法帮助学生剖析算理、引导建构算法，提高计算的技巧性、正确率和计算速度，并在此基础上不断加强计算练习，最终形成自我的数学思维能力和计算技能技巧能力的活动及过程。

3. 策略

根据学习目标对影响学习的各种因素加以综合思考，精心策划和有效调控的技能，也是解决问题的一种方式与方法。

四、课题研究的达成目标

能进行简单的整数四则混合运算（不超过三步）；

会运用运算律（加法的交换率和结合律、乘法的交换律和结合律、乘法和加法的分配律）进行一些简便运算；

能分别进行简单的小数和分数、分数和分数的加、减、乘、除运算及混合运算（不超过三步）；

经历与他人交流各自算法的过程，并能表达自己的想法；

能探索多种方法解决问题，了解简便运算方法的多样性，并在这一过程中培养数感；

初步养成乐于思考、勇于质疑、言必有据的良好品质。

五、课题研究的主要内容

对某校数学教师的教学情况和学生的计算状况进行调查，在综合分析的基础上积极探索提高学生四则运算正确率及简便运算技能的具体有效的教学指导方法。具体包括以下几个方面。

影响学生四则混合运算正确率及简便运算技能的因素研究；

学生良好的计算习惯的养成策略研究；

有效的算理、算法指导教学策略研究；

学生简便运算的意识的培养策略；

学生计算训练方式的研究，探索计算的基本方法和技巧，训练学生的四则运算及简便运算技能技巧，并达到一定的速度。

六、课题研究的方法

文献资料法：通过已有的研究材料进行学习、讨论，并结合某校学生现有的计算情况制定研究方案，指导课题研究。

调查分析法：通过对某校五、六年级的学生计算情况的摸底测试、调查分析，了解五、六年级学生计算能力的现状，为课题研究提供依据。

经验总结法：注重收集研究活动中的所有资料并进行整理，同时对研究活动中取得的经验、体会及时进行总结归纳，形成研究的规律及方法。

个案法分析：选取不同层次的学生在实验前后两个阶段中计算出现的问题，以及引起问题的原因，进行收集、调查、分析。

实验对比法。通过测试分析，对实验前、后两个阶段的班级总体测试结果对比分析，分析总结计算教学取得成功或要在哪些方面改进的做法。

七、课题研究的步骤

（一）第一阶段

2014年9月—2014年10月底建立课题组，设计课题研究方案。收集有关文献资料作为课题实施的参考资料，确立课题的研究框架构想。对学生进行有关四则运算及简便运算的前测分析，制定符合本年级要求的研究计划。

1. 成立课题组

五、六年级全体数学老师为一个课题实验组。

2. 确立实验课题

经过组内讨论，就五、六年级当前数学教学中亟待解决的计算问题确定以计算教学为主要研究方向的课题实验。即《提高四则混合运算正确率及简便运算技能的策略研究》。

3. 讨论课题实验内容

依据2011版新课标，根据五、六年级有关计算教学年段目标的不同，确立五年级进行"提高四则混合运算正确率"的研究，六年级进行"培养简便运算技巧"的研究。

4. 设计课题研究方案

课题研究具体方案见图1。

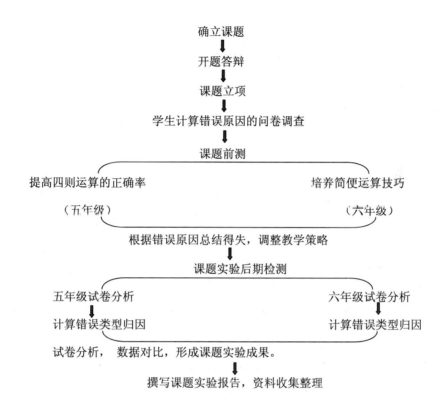

图1　课题研究方案

（二）第二阶段

2014年10月底—2016年5月课题实施阶段。组织课题成员集中备课、上课，探索在计算教学中实施的教学策略和基本步骤。在试验阶段，边实施，边研究，边调整。及时整理研究数据和资料。组内成员经常交流研究情况及时调整方案，逐步形成有利于提高学生四则运算正确率及简便运算技能的新的教学模式。

1. 课题前期检测

课题前期检测分五、六两个年级分别开展，主要考察课题研究开展前学生的计算能力现状，以便和课题实施的不同阶段做对比，检验教师的教学针对性、教学策略及学生计算训练方式是否有效做对比用。刘河老师命题《五年级计算能力检测卷》，试题分为口算（共18小题）、解方程（共6小题）、四则运算（共12小题）三种计算形式，包括对分数乘法、除法，以及分数混合运算等学生已学过的计算内容，来检验课题实验前期学生计算现状。六年级由陈永畅老师命题，进行《六年级简便运算能力测试》。本张试卷旨在考查六年级学生使用各种运算定律和运算性质使计算简便的技能测试。通过测试，发现导致学生计算错误的原因，寻找应对策略。

2. 运用个案分析法对年级试卷进行分析

内容即包括五年级课题前期检测试卷分析、六年级课题前期检测试卷分析和总体分析。

3. 错误归因

寻找相应教学策略和相应计算训练方法。

4. 课题后期学生计算能力检测

发放《五年级计算能力检测卷》和《六年级简便运算能力测试卷》来检验经过课题实验后五、六年级学生的计算现状。

（三）第三阶段

2016年6月—2016年12月课题总结阶段。认真撰写研究报告，总结研究情况。

有关计算教学论文、学生调查问卷、学生检测试卷及试卷分析。刘河老师计算教学课例展示。撰写研究报告，总结研究情况。

八、课题研究的操作过程

（一）以课例为载体，探索计算教学的内涵

为何实施课改以来，学生计算出现如此偏差，这不免引起了我们的关注

和思考。为了更好地探索计算教学的规律，基于本课题研究的局限，我们从数学课堂教学案例入手，依照新课程理论对案例进行剖析，从而发现课堂教学中的一些问题，作为研究的一些依托和起点。

案例：乘法分配律教学片段

1. 研究组成员执教的乘法分配律探究部分

引导学生通过问题情境思考列出不同的算式，观察并计算。

（1）$(4+6) \times 3$　　　　$4 \times 3 + 6 \times 3$

（2）$(28+12) \times 5$　　　　$28 \times 5 + 12 \times 5$

（3）$(93+7) \times 18$　　　　$93 \times 18 + 7 \times 18$

计算后，老师让学生观察并对比，发现特征，通过归纳的方法来得到一般的规律。

2. 刘松老师执教的乘法分配律探究部分

师：（在黑板左边板书：3）这有几个3？

生：1个。

师：（继续写）现在有几个，现在呢?（黑板中有6个3）

生：6个3。

师：那我要把这6个3加起来，还可以怎么写呢？

生：3×6。

师：（在黑板的右边继续板书：3）有几个3?（黑板中有5个3）

生：5个。

师：用乘法可写成3×5。（在5个3的一侧再写一个3）那这还有几个3?

生：1个

师：那它可写成乘法算式吗？

生：3×1。

师：那右边这里现在一共有几个3?（$3 \times 5 + 3 \times 1$）

生：6个3

师：那我们看看，这不就和左边的一样吗?（老师把左右两边用长长的等号连起来）如果我要左右两边更像一些，可以这么修改左边？

生：3×（5+1）

通过对比发现，新课程改革后，我们曾经停留在利用情境吸引学生，利用素材的有趣性、规律性去启发学生，但我们却忽略数学中最为重要的"味"，没有真正地去挖掘数学本质的联系和学生的学习基础。片段1：显然侧重于解决问题的情境和对数学特征的观察去归纳，而恰恰就是这个不完全归纳的难点成了学生学习的拦路虎，表面上学生好像是懂了，但是却不能完全掌握和理解；片段2：一个简约的对话，把片段1的静态情境动态化，不断的唤醒学生的记忆，把加法与乘法联系起来，并把乘法的意义阐释得淋漓尽致，通过乘法意义来理解分配率是数学的本质，有思考，更有思维的碰撞，这就是数学的"味"。

新课程改革强调要突出建构主义，片段2的探究过程就是利用加法、乘法这个脚手架让学生主动建构，在脑海深处有了较为清晰的思维脉络。看似简约、缺乏趣味的一个探究过程却能挖掘出学生学习数学的根本，以"乘法的意义"这个核心为着手点去突破，这也使我们明白了要授之以鱼，不如授之以渔的道理。

算法固然重要，但让学生知其所以然的算理更为重要，因此通过这样的案例的研讨促进教学的思考，改进教学的策略十分必要。

（二）以教材为基础，创新计算教学的内容

数学知识如同链条般环环相扣，知识间存在着密切的联系，每一块知识都以螺旋式上升，不断推进学生的知识拓展。可是在具体的教学中，教师往往忽略这些知识的内在联系，常常采用"单打一"的教学方法，即一题一练。而且我们还发现很多老师仅仅为了做题而做题，对教材的编者的编写意图从不仔细推敲。

案例：一道练习题的教学思考

北师大版三年级上册第四单元练习五曾有这样一题：

算一算，比一比，你发现了什么？

$12 \times 6 \bigcirc 16 \times 2$ $25 \times 4 \bigcirc 24 \times 5$

$14 \times 5 \bigcirc 15 \times 4$ $16 \times 5 \bigcirc 15 \times 6$

可能很多教师都认为这就是一个普通的比较算式大小的题目，是整个单元里12个复习题中的一个，并没有值得注意的地方。我在课前的调研中也验证了这点，很多教师没有发现其特征，更不会在有限的课堂里"浪费"宝贵的时间。

那题目为什么要提出"你发现了什么"这句话呢？这个题目是否不仅仅是比较大小那么简单？假若我们不只关注题目的表意，用联系的眼光去审视时不难发现：这些算式左右两边两个数的和是相等的，而且两者的差越小，积就越大。这实际上是高中课程中的"定值"问题。

由于涉及高中问题，很多教师望而生畏：这些给学生们讲，他们能接受得了吗？能弄明白吗？所以还是不要讲了。但是换个角度看，如果能引导学生发现其中的规律，即便得到的是不完全准确的概括，学生也有所收获，并树立了自信。有时学生们的能力是不可低估的。于是我在教学中做了这样的尝试。

师：同学们，这个单元我们学习了两位数乘一位数，那这样的题目你们应该没有问题啦，下面我们先动手做一做。

学生们动手计算，都得出了答案。

师：真棒！我们再看看题目。"你发现了什么？"是不是说明可能还有我们没发现的秘密呢？

学生还有很多没有发现，于是我再次提问。

师：你们不要单独看一个算式，把几个算式联系起来，有什么发现吗？把你的发现跟你同伴说一说。

隔了一会儿，才有学生吞吞吐吐地发言。

生1：老师，好像每个算式中左右两个算式加起来结果都是一样的。

师：第一个发现者让我们看到了曙光。确实是这样。你们仔细观察这四个算式，是不是左右两边的两个数的和都是相等的呢？（板书：和相等）

师：他发现了"加"的规律，你们还有其他发现吗？（这里可以启发学生从"差""积""商"去发现规律）

生2：我发现两个数中都是把个位的数对调了。

师：观察得真仔细。把个位的数对调后，你们再比较一下两个数的大小，和它们的乘积有什么关系吗？

生3：对调后，这两个数越接近，它们的乘积就越大。

师：是的，你们再仔细看看，这边两个数比较接近，所以我们乘出来的结果就比另一边的大了。现在能把你们发现的规律说一说吗？

生4：如果两个数加起来相等，那这两个数越接近，它们的乘积就越大。（板书：差越小积越大）

师：真了不起，你们发现了高中要掌握的规律。现在你们能利用刚才发现的规律，自己编几个这类比较大小的题目吗？

让学生在编题的过程中，巩固和消化自己的发现是必要的。这里我特别指出是"高中的内容"，让学生们都发现了自己的了不起，增加了自信，提高了学习热情，探究的兴趣也越加浓厚。

对于这样的"小题"，教师可能觉得没有"大做"的必要。但是学生在充分理清算理、掌握算法的基础上，能锦上添花，不是额外的收获吗？学习就是要用联系的眼光去审视和发掘新的思路，这样做也进一步为算法和算理间搭起了一座联系的桥梁，为两者的渗透做出了贡献。

北师大版教材中这样的"小题"不在少数，教师们不妨"大做"一回，来启发学生的数学思维。

教材仅仅是一个媒介，重要的是使用它的人，如何把它动态化、有趣化，如何将它的作业"最大化"同样是我们研究的主体。

九、课题研究的主要成果

（一）从前测数据分析我校学生计算方面存在的普遍问题

1. 知识性错误

主要表现在口算不扎实；分数加减法，分数乘除法法则不够明确，常常搞混；对添括号和去括号算理不明确；对乘法分配律的运用错误；四则运算

顺序错误；解方程错误等。（具体例子可见PPT）

2.非知识性错误

主要有感知粗略笼统引起的看错、抄错、写错等所谓的"粗心"；注意不够稳定引起的遗忘式出错；思维定式引起的负迁移；轻敌思想、急于求成、畏难情绪等引起的错误；不良计算习惯引起的错误。

（二）本校学生四则混合运算正确率低及简便运算技能缺乏的成因

1.口算方法思维含量低

测试过程中看到有部分学生在进退位计算时扳手指计算，过分依赖机械操作，头脑中对"分解""凑十""合并"的表象模糊，想象不出"凑十法"等简算的具体过程。同时，有个值得关注的现象——多数学生采用"笔算式"口算方法。即数位对齐，从低位算起，按部就班地操作这个程序即可。在这样的过程中，学生内部的心智活动很少，虽也能得到正确结果，不仅速度较慢，花费时间长，同时丢掉了更有价值的思维锻炼过程，影响学生心智技能的发展和其他综合能力的培养。

2.学生简算意识不强

学生的计算方法不够合理、灵活。到了小学高段，计算的方法本应达到灵活多样，从多种解法中选择合理的算法，达到算法最优化，而实际上学生的简算意识不强，一道计算题如果没有要求简便，能简便计算的题目也不去简便计算，不能根据具体算式的特点去主动选择最佳的解题方法进行计算。

3.学生学习兴趣不浓厚

学习兴趣是学生学习最活跃的心理成分之一，它是推动学生努力学习的一种内部动力。老师教学有方，引导得法，使学生在数学学习中获得满足的快感，那学生的兴趣就会随着这种快感而不断强化，达到教学的目的。而目前为了追求功利的分数，把算法当成了课堂的一切，采用题海训练，而计算又是普遍比较枯燥，所以学生对计算就越来越不感兴趣，然后计算能力反降不升。

4.教师对培养学生的计算能力认识不到位

其一只重视学生的笔算能力，忽视学生的口算能力和估算能力，实际上口算是四则混合运算和简便运算的基础；其二只重计算结果不重视计算过程，其实计算是一个复杂的运算过程，只有让学生明白"算理"，才是一个思维过程，如果仅仅传授"算法"，那只是授之以鱼而非授之以渔。

5.教师对计算教学不够重视

我们常常看到很少老师把"计算课"作为公开课内容。其一主要是计算课难上，其二是老师们不重视计算教学，觉得计算学生一学就会，多练就没问题。因此都比较重视培养学生的逻辑思维能力和空间观念。

（三）提高学生四则混合运算正确率及简便运算技能的策略

口算速度快的，笔算速度也快，正确率高；理解算法的基础上深刻理解算理的，运用运算定律的技能也要得心应手很多。计算能力的培养，要经过一个懂理、会算、熟练、灵活的过程。懂理，就是使学生懂得计算的算理；会算，就是通过一定的训练，使学生掌握计算的方法；熟练，就是经过反复练习，使学生对基本计算能够算得又对又快；灵活，就是使学生能根据具体问题选择合适的计算方法，灵活地解决问题。

1.坚持培养学生的计算兴趣

学习兴趣是学生学习最活跃的心理成分之一，他是推动学生努力学习的一种内部动力。老师教学有方，引导得法，使学生在数学学习中获得满足的快感，那学生的兴趣就会随着这种快感而不断地强化，达到教学的目的。

因此在学习过程中，激发学生的计算兴趣是很重要的。教师可以根据本年段学生好动、好胜心强的这一心理特点，采用多种训练形式代替以往单一练习的形式。例如：用游戏、比赛等方式训练；开火车、抢答、闯关卡等。多种形式的训练，不仅激发学生的学习兴趣，而且使每个学生都积极参加，这样才能收到事半功倍的效果。

2. 建立算法模式，构建计算技能

要提高学生的计算能力不是一朝一夕的，从多年的实践和探索中得出，在计算教学中，先引导学生理解算理，建立算法模式，形成计算技能；引导学生理解了算理，就能有效地掌握计算的基本方法，如教学两位数成一位数，可以重点指导学生利用"拆数"进行计算。在一系列活动过程中让学生感知并获得算理，学生在头脑中建立了一种算法模式后，再通过同一形式的题目多次进行练习，从而形成计算的技能。

3. 坚持培养学生良好的口算习惯

在小学学习中，最重要的就是学习习惯的培养，口算作为学习的一部分也不例外。在口算训练中，要培养学生具有"三心"，即细心、用心、专心。使学生具有良好的个性品质和良好的学习习惯。如：在做口算练习中，决不做其他的事情；争取一次正确，尽量避免口算大量出错；要熟悉算理；对乘法口诀必须背得滚瓜烂熟等等。口算是基础，如果口算非常熟练，方法非常得当，那学习混合运算和简便运算就能事半功倍。

4. 教师要注重计算教学的"趣味"

提高课堂效率是计算教学的最主要的任务，教师要改善自己的课堂教学技能，例如华应龙老师在执教"中括号"一课，把他"因为磕破脑袋为了美观带上帽子"与中括号在四则混合运算中的作用联系起来，这就使课堂趣味横生，学生就是在不知不觉中去计算、练习，同样的事情不同的方式却能让学生不厌其烦地进行演练。因为我们应该不断地挖掘这些素材引入到计算教学，如"回文式""数字黑洞"等。

5. 计算教学注重算理的渗透

到高年段我们还发现学生经常遇到简便运算时宁愿使用常规方法也不使用（或者不能发现）其可使用简便的运算方法。以掌握比较差的乘法分配律为例，学生只懂期形，未明其理，其实这个如果学生能利用"乘法的意义"这个算理去理解，那出错的概率就会少很多，因此在每个年段的计算中要让学生真正明白其中计算的算理是至关重要的。

案例：分数除以整数的除法

这节课中，教师为了学生更好地掌握解题的方法，一味强调文字上的记忆："除以一个数就是乘上这个数的倒数"。学生可能记得了方法，做这类型的题目的准确率也更高了，但是我们有没有发现缺少了点什么？

是的，学生根本没理解为什么是乘上这个数的倒数？如果老师能多关注过程而非关注结果，让学生在画图中去理解、辨析，学生对分数除法的理解效果会更好，这就是其中的"算理"的理解与渗透。

6. 重视错题分析

学生计算出现了错误，就一定要及时引导学生认真分析计算错误的原因，寻找错误的根源，及时改正过来。对于重复犯的某种错误，教师可以有针对性地选择常见的典型错例，组织学生一起观察、思考、分析、交流，通过集体"会诊"，既达到"治病"作用，又可以起到"防病"的作用。还可引导学生建立错题本，把错误记录下来，避免犯同样的错误。

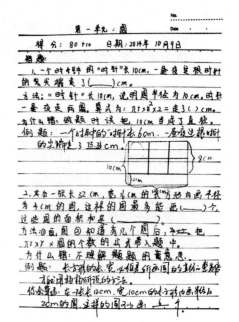

十、课题研究的问题与思考

（一）研究中遇到的问题

1. 有关课题选题方面

计算教学确实是小学数学教学的重要内容，同时也是人一生所必须具备的基本生活技能，是一个人的数学素养的基本体现，确实值得深入研究。但经历了课题开题以来的实验历程，也伴随着自己对课题实验研究的进一步学习和认识，感觉到当初设立这一课题的不慎重，其实这一感觉开题不久就有了，主要体现在选题太大。这一课题的名称《四则混合运算和简便运算技能》其实包含了两个课题，一个是四则混合运算正确率的提高，另一个是培养简便运算的技能技巧。其次，即便是四则混合运算这一方面也包括了太多类型，如：整数乘法、小数乘法、整数除法、小数除法、分数乘除法，运算中有整数、分数、小数齐参与的运算，又有运算中有小括号、中括号参与的运算，等等。类型太多，如每一类型选用个案分析法分析，实验前后对比，以个别反应整体分析，工作量相当大。目前原课题组五、六年级岗位上的数学老师有刘河、缪小明、陈永畅、黄冠富4人，其中陈永畅主任又担任中年段课题组长，缪小明老师毕业班班主任。因此这里只选择具有典型性的例如进行研究，也就是侧重学生两方面比较薄弱的成因分析和改进教学的策略研究。

2. 影响学生计算能力的因素有非常多

比如学生的数学学习基础、口算能力、对算理的理解、书写习惯、学习习惯、对计算的重视程度等，都直接或间接地影响学生的计算正确率的提高。而且计算能力的提高需要学校家庭的共同努力，需要一个长期、反复的过程，计算技巧性意识的培养要潜移默化、长期渗透。在本轮课题实验里，我们只是在课堂教学上体现了对四则运算正确率的提高和简便运算能力的培养的实验研究，但对于影响计算能力提高的诸多其他因素没有一一剖析。虽然通过两年的课题实验研究，学生们的计算正确率及简便运算的能力和意识均有提高，但离我们的预期仍有差距。

3. 教师的教研能力需要不断提高

浙江大学教育学院王教授在讲到教师专业化成长时说过这样一句话："教而不研则浅，研而不教则空。"这句话说明了教和研之间相互促进的关系。一名教师如果只盯着自己所教的内容而不进行相关的科研和反思，那么教学的路子会越走越窄。反之，一味地科研而脱离一线教学实践，那么科研是空泛的，不具有实践推广的价值。一线教师应当在日常教学中，尝试教和研的有机结合，才能做到教研相长，齐头并进。才能满足和胜任不断发展的社会对优质教育的呼唤和渴望。但是我们科研经验不足，科研理论水平不高制约了我们的研究，这是我们需要不断提高的。

（二）研究中的一些思考

通过对本课题的研究，使我们对学生在数学学习中出现的一些问题有了更深入的思考，让使得在数学教育教学中存在的问题，得到了逐步改正。同时，也进一步增强了自己对教育、教学的责任心。

在计算教学中，引导学生理解了算理，就能有效地掌握计算的基本方法，面对计算方法的灵活运用，又能加深对算理的深刻理解。儿童思维表象性强，易定势，如果得不到合理训练，很难形成技能，因此在计算训练中我们要多采取以下几种方法：

1. 旧知识和新知识一起练

针对高年级学生对新知识接受得快，但遗忘也快的特点，我们采用新旧知识同步练习，从而减少学生对知识的遗忘，今年的五年级的混合运算，就是把一至三年级所有类型的口算、笔算练习整合起来，使新旧知识能互相沟通，也加深对新旧知识的印象，减少对知识的遗忘。这样训练可使学生在掌握新知识时又复习旧知识，同时还能进一步认识加、减、乘、除法之间的关系，使知识形成一个完整的体系，有利于学生建立良好认知结构。

2.多种算法结合起来练

视算、口算、笔算多种算法结合训练，调动眼、耳、脑、口等多种器官同时参与练习，发展学生思维能力。从而提高学生的口算、笔算和四则混合运算的正确率，真正地理解运算的内涵，对运算定律的运用和选择有深刻认识。

3.多样化的激励方式

学生们需要表扬和鼓励，枯燥的计算很快会让学生失去练习兴趣。教师除了改变计算比赛的形式外，更需要给学生积极的表扬，赞美、鼓励等都是很好的评价方法。

十一、课题研究的后续工作与展望

虽然我们的课题研究也取得了一些阶段性的成果，但不论是理论方面，还是实践操作层面肯定还有一些不足；再由于教师本身年龄问题，而出现了一点点的职业倦怠，使培训学习等相对薄弱，影响了研究的深度和广度；更多是课题主持人的水平问题，对于问题的研究的设计和组织不够细致和科学，制约了教师教育教学水平的提高和实验研究的深入，这些都需要在将来的研究中继续进一步的完善。因此今后研究应注意的是：一是加大教师的培训力度，采取多种形式给教师创造更多的培训学习机会，进一步提高教师的业务素质；二是以小引大，把出现的小问题变成研究的小课题进行深入研究，从而产生大的教育教学效益。

总之，虽然我们的课题研究马上就要结题了，但这并不意味着课题研究的结束，只要我的计算教学在继续，我们的课题研究就会继续下去，我们将会一如既往地坚持下去，它将继续伴随我们的数学教学生涯进行下去，直至课题研究的实施方案更加完美。希望在未来的日子里我们能以这个课题为契机，继续努力、发展、研究让更完善的教学方法和研究成果服务于我们的教学中。

第五节 研磨理论，用分享的平台夯实专业

人的成长如果没有理论的支撑，那永远只是一个经验主义者，无法成为一个高屋建瓴且具有影响力的优秀引领者。而理论的成长需要一个分享的平台，把自己的思考与人碰撞，从而达到深化自我专业的目的。

在与人分享的过程中，需要不断地去壮大自己，在理论上有更前沿的思考，在实践中有特别闪亮的地方，无形中就一点点地积累和完善了自己对教育教学的深刻理解。

概念教学要有轻有重

概念教学是小学数学教学中，较为典型的且让一线教师深感为难的课型。新课程改革后，有些教师为了体现学生的自主地位，花尽心思、绞尽脑汁地设计教学活动，帮助学生理解概念；更有教师将概念教学的三个阶段"引入""形成""发展"混为一谈，面面俱到，最后却"面面不到"。因此对于概念教学不应仅是拘泥于文字与文本，不同的概念有不同的侧重点，不能一概而论，要分彼此。下面我选取例子希望能引起读者共鸣。

一、重引入，用认知落差辅助理解

好的开始是成功的一半，课亦如此。一个好的引入能激发学生的学习兴趣与动机，更能为好课奠定基础。有些概念通过文字或者练习便能理解透彻，但是为什么需要学习它？它与以前的知识有什么区别？这些问题困扰着学生。北师大版五年级下册中位数与众数一课便是这样的典型。学生能较快地理解中位数这一概念，也能从一组数中找到中位数，但对于为何要学习中位数，中位数与平均数有什么区别则较难理解。因此，在此创设以下情境引入。见下表。

五（1）班两个同学五年上学期5个单元测试的平均成绩表

姓名	第一单元	第二单元	第三单元	第四单元	第五单元	平均分
刘××	95	86	89	88	87	89
叶××	97	96	99	94	39	85

通过这个表，你们觉得谁的成绩更好呢？

有了平均数知识做基础，很多学生觉得刘××成绩更好，因为他的平均分高。但是当每个单元分数出现时，面对有明显差异的数据，他们产生了怀疑。这种情况下，还能用平均数来表示两人的水平吗？有了这样的认知冲突与落差，再引入中位数，理解便有了质的突变。接下来的教学与练习便成顺水推舟之势，游刃而解。如此看来，概念的引入对于这样的课型则显得十分重要了。

二、重形成，用问题导引加深理解

小学生的思维以具体形象为主，对枯燥的文字、抽象的概念较难理解，即便懂得了字面意义，要理解其中的内涵也非易事。因此让学生有"事"可做，有"问"可想，通过一些问题让学生亲自操作体验、思考讨论、分享总结，慢慢地、一步步地接近概念，能够让其挖掘和理解概念的深邃，并在脑海中形成概念。

如北师大版三年级下册"什么是面积"一课，通过看一看、摸一摸、说一说等活动，学生对"面积"这个概念有了初步理解。这时再讨论周长与面积的区别，不仅让学生从一维空间到二维空间顺利过渡，还能加深对概念的理解。通过拼剪、摆硬币、摆方块、铺方格纸等方法来判断两个图形的大小，又该如何引出、利用"统一的单位"呢？这里，教师可抛出这样的问题："如果我在这个图形上摆的是硬币，另一个图形上铺方格纸，这样能比较它们的大小吗？"学生意识到"统一单位"，利用同样的工具来比较的重要性，难点也就突破了，也为下节课——面积单位奠定了基础。

这样的课型，如果教师在概念导入中浓墨重彩、形成中面面俱到、发展中添瓦加砖，最后对概念的理解是肤浅的。在必要的时候用问题让学生产生思考、思维冲突，才有助于概念的理解。

三、重发展，用本质内涵升华理解

教学中，教师常常把概念教学当成孤立的课，忽略了概念间错综复杂的联系，视其发展性特征而不见，于是学生的迁移思想也得不到很好的发展。而功利的教育时代里，成绩总是第一位的。于是学生算法娴熟，对于算理却一无所知；概念烂记于心，却不知为何如此。

例如北师大版五年级下册"除数是整数的分数除法"一课，学生对"除以一个整数（0除外），等于乘这个整数的倒数"这一概念理解不难，能从很多类似的算式中发现运算的规律，做题时能达到较好标准，知识与技能的目标也达到了。但我们有没有觉得少了点什么呢？数学思考，这一新的也是重要的目标，从何体现呢？学生的学习应该是灵动的、发展的，但是体现出来了吗？显然是没有的。学生没几个能知道为什么除以一个整数（0除外），要变成乘这个整数的倒数。唯有多让学生动手，用画图、分析图形的意义来帮助理解此课的重点，才能让学生走得更远，也使学生能将这样的学习方式与思考方法，迁移到"除数是分数的分数除法"及"分数应用题"等新知识。

这不仅是让学生学会学习的必经之路，更是开启学生思维之门的钥匙。因此这里的处理不仅能对概念的发展起到了突破和延伸的作用，还让学生更接近数学的本质。

当然，概念教学的各个阶段不是截然分开的，而是相辅相成、相得益彰的，只是要根据概念的本质属性有所侧重，让引入促进形成，形成后能得到更好的发展，发展中又形成了学生良好的数学思维。

教师成长四部曲
——谈年轻教师跨越"站稳讲台"到"站好讲台"的鸿沟

就职的前三年，是年轻教师成长关键期。有些教师迅速成为学校的中坚力量，大部分教师却仅仅是站稳了讲台，成为一个中规中矩的教书匠。那么如何让年轻教师走好成长之路？我们认为，做到以下几点可以成为具有独立思想且站好讲台的优秀教师。

一、读懂教学本质，在备课中成长

备课是教师最基本的教学技能，更是上好课的前提条件。只有深刻思考教什么、为什么教、怎么教及学生怎么学等关键问题，做好四个读懂，才能算得上真正意义上的备课，促进教师对教学的领悟。

（一）整体把握，读懂教材

学习过程是具有整体性的，它就像是一条锁链，一环扣一环，由浅及深，由易到难，不断递进；但是固定的年段教学使得教师对教材的理解碎片化、支离状，因此他们对教材是没有整体观念的，有时很难很好地把握和分析教材的内在意图。年轻教师需要认真学习和领会课程标准的基本精神和内容；深入钻研教材、吃透教材，对教材的理解要做到融会贯通、承上启下；利用教材的关键字、词和图等一切信息，分析知识间的内在联系和规律；按照教学参考书给出的教学建议，结合学生的实际情况，明确学生的学习目标、学习内容、主要学习活动、学习的重难点。只有整体把握教材、充分备课，才能读懂教材的明线与暗线。

（二）因材施教，读懂学生

学习科学认为，儿童对事物的认识过程是从具体知识到抽象知识的建构，即学习的正常过程始于较为具体的信息，进而逐渐变得较为抽象。因此备课要基于学生的认知基础，遵循学生的认知规律，根据学生的特征调整教学，使得学生的思维过程为教师可见。世界上没有两片相同的叶子，同样没有两个相同思维的儿童。因此，教师在教学过程中，应给予学有余力的学生足够的思考素材，给予学习有困难的学生有足够的思考时间；作业设计上弹性处理、分层递进；在达标要求上不求统一、以进步论英雄，面向全体、尊重差异、因材施教。

（三）精心设计，读懂课堂

课堂是教育教学的主阵地，而教学预设则是关乎课堂效率的重要因素。

而优秀的教学设计不仅是上课的文本和依据，还包含着执教者对数学本质的理解、文本的解读、学生的了解、课堂的预设、教学方式的选择等。年轻教师不能仅停留在文本的解读上，还应根据课堂要素去精心设计好环节，去突破学习的重难点，实现从学"术"到悟"道"，形成自己对教育教学的理解，发动自身的内驱引擎。

（四）潜心学习，读懂理论

解读图文并茂的教材需要一定的功底，调控课堂也需要一定的技巧，组织教学更需要一定的方法，所以要学会学习，通过不断学习来完善自己的教学技能和水平。名家名篇中不仅有宏观理论，还能通过对教学体系的理解，能提高年轻教师的教学智慧。

二、汲取教学智慧，在观课中反思

观课中的"观"应包括视和听，既要用耳还要用眼，更要用脑与用心。传统的听课过程中，侧重于听，而未能调动多感官的去参与，于是听完课后并没有深刻的收获。而观课的内容应该有利于冷静地对待课堂的一切：如师生的交流、课堂的情境与故事、探究过程、学生表现、教师的机智等。带着目的观察课堂、审视课堂、欣赏课堂，于是听课者便有了更多的思考，对教材、学生、课堂的认识更能站在了巨人的肩膀上了，看问题也有了不同的高度。而真正促进观课者思考的，作为年轻教师还需扮演好几个角色：

（1）备课者。如果没提前知道上课的内容，那可能造成对于教学内容把握不准、上课教师的设计意图不明确、学生的生成和预设无法融通等问题，因此只有把自己当成当事人，当作一个备课者，观课前初步解读教材并适当预设生成，带着问题进课堂，这样才能在观课的过程中边思考边提炼，并在共鸣中收获和发散，真正地做到"观"并收获着。

（2）学习者。把自己设想成是学生，站在学生的角度去思考：课堂上要怎样学习才能提高课堂效率？在观课中带着学生的身份去辨析和思考，这样才是属于自己的认知和独立的品质。而作为学习者，有宽容的态度、学习的心理，才能有更宁静的心灵去接受和品析，因此收获的将是去除功利、毫无污染的思想。

（3）思辨者。当前的观课，缺乏了批判精神，特别是对名师示范课，观课者总被名师们风趣幽默的言语、精彩独特的设计、敏捷灵动的教育机智深深地打动了，因此除了感叹和羡慕别无他物了。殊不知，要成为优秀的教师还得有自己的风格与智慧，单纯靠模拟和效仿永远不能融合成自己的思考，于是仅能生活在别人的影子里。唯有独立的反思、辨析才能让自己有了更明确的目标和方向，形成自己的风格，内化成自己的理论，因此在"思"与"辩"的同时，成长也就慢慢开始了。

三、拓宽教学视野，在"议课"中提升

"议课"是执教者与观课者针对上课中一些优点与缺点提出思考，在正反双方的辩议中，引发参训老师思维碰撞；从不同的教学角度，探讨有效的教学策略。年轻教师通过"议课"把握如下几点，静下心、放慢脚步，一点点的积淀和沉思，拓宽教学视野和形成教育教学理论的新认知。

一议目标达成情况。明确的目标是一节好课的基本要素，它也将体现出教师课前对于教材文本的把握；课中学生课程生成的预设情况与重难点的有效突破；课后学生能运用所学知识。年轻教师能从这些角度去思考，那对教育教学的思考便较为深刻了。

二议教师组织教学。教师不做强势的课堂牵引者，适当的装傻有时可获得意外的惊喜，因此教师的组织教学应该刚柔并济，教学的设计也应该成为课堂组织的元素，让学生不知不觉间的参与学习。

三议学生参与程度。一言堂的课堂是一票否决的，只有学生真正地参与到课堂的体验活动，参与知识形成的全过程，参与错误资源的辨析战争，这样老师也就真正读懂学生了。

四议教学创新之处。善于发现教学中的创新也提出创新的思考，这对年轻教师难度不小，但是也只有这样不断地挖掘自己的潜力，才真正地让自己的理论水平有质的飞跃，也促使自己对教育教学的认识形成了自己独特的思考。

四、内化教学思想，在"磨课"中锤炼

教师专业成长的途径很多，而"磨课"是最为扎实和高效的。因为在磨课过程中能让我们对教材有了更深层次的解读，对课堂有了更机智的调控，对学生也有了更到位的预设。

1. 磨出把握教材的深度

磨课时，团队老师对教材可能都有着不同的理解，执教者可以取长补短，对教材有了更深刻的理解，更能分清主次、把握重点，为课堂取得较好的教学效果奠定基础，从而提高自己的课堂教学水平。

2. 磨出语言表达的精准

课堂语言是调动学生学习情绪和激发学生学习兴趣的另一个有力的武器，如果只是单纯地用对、不对等简单的评价是很难有出彩的课堂。环顾我们周围的名师的课堂，都能在语言上下功夫，对学生的评价是那么的有效、机智和自然。因此精准的语言表达与有效的评课可使我们的课堂效率事半功倍。

3. 磨出生成处理的机智

课堂中学生的生成最能考验教师的应变和机智，也是课堂呈现精彩的一个亮点，如何把握和调控？教师就必须在课前多思考和预设，预备一些应对的语言和引导的方法，虽然不能面面俱到，但也不会应对不来，错过了能利用的资源。

4. 磨出创新思维的火花

如何把课上得让人耳目一新、印象深刻？无疑"创新"的设计将会像火把一样点燃教师的热情与思维，让人无我有、人有我优的设计变得让人青睐与认同，在培养了教师的创新意识的同时也训练了教师的创新思维。

导学，究竟为哪般

——例谈小学数学导学案设计的几个导向

课程改革的这些年里，衡水中学、枡茶中学、洋思中学各领风骚，效仿之风席卷神州大地，为各地教育教学方式的转变做出很大贡献。时下，山东杜郎口中学更是旋风般崛起，其自主创新的"三三六"模式直指传统的师教生学的教学痛点，以预习、展示、反馈为学生学习的主旋律。学生的生存能力、生存状态、生命价值是该校的关注重点。

"好的开始是成功的一半。"在杜郎口中学，预习的导学案是重中之重，有些模仿的学校只得其形而未得其神。那么什么样的导学案能帮助学生更好地发展和成长呢？我认为需要弄清以下问题。

一、导学即课前调研

当下，读懂教材、读懂学生、读懂课堂是对执教者的基本要求。其中读懂学生是最难的，因为学生间存在很多差异；学生是活生生的人，是一个个具有灵动思维的个体。读懂所有学生不仅要花费很多时间，更要消耗很多精力。导学案则能有效地帮助教师了解学生、把握教学。

我执教北师大版三年级下册第五单元"初步认识分数"一课时，在让学生用自己喜欢的方法来表示半个苹果时，很多同学说出了二分之一。本来应该高兴才对，但我一点都兴奋不起来，因为这些学生以为自己真的懂得了，所以在接下来的分数的表示意义环节中，不积极参与和思考，导致只知其一不知其二。

我曾做过如下课前调研。

（一）分数的初步认识教学前测问卷

问卷调查（全班49名学生）：

（1）6个苹果平均分给2个同学，每个人拿到几个？

4个苹果平均分给2个同学，每个人拿到几个？

2个苹果平均分给2个同学，每个人拿到几个？

（2）1个苹果平均分给2个同学，每个人拿到几个？

你能用你喜欢的方式来表示吗？你是怎么知道的呢？并说说你表示的意思吗？

结果分析：第一个问题都能回答上；第二个问题有近34%的同学能用1/2表示，近13%的同学能用0.5表示，近48%采用文字或者画图的方式表示，5%的同学不知道怎么下手，而能叩能用1/2表示半个苹果的34%的同学基本都是家长教授或者自学课本得到的，因此对于其表示的意义的理解就几乎为"0"，全班仅有一个同学的回答比较符合。

我们的课堂教学不仅要教会学生能用分数表示，更重要的是让他们明白其意义。这样才能既照顾了中下层生，又给了上层生一定的发展空间。因此，课前调研是教师读懂学生最有效的、最基本的方式，也是导学案最重要的开始。只有知己知彼，方能百战百胜，只有摸透学生们的底，才能有针对性地实施教学计划。

由此，课前调研作为导学案的一个设计导向，是教师的需要也是学生的需要，它从读懂学生开始，以生为本。

二、导学即自学指南

当前的教育教学方式，忽视了对学生创造力的培养，转变已是势在必行。而要做到这一点，首先要让学生学会自主学习。

自学是学生走得更远的必备能力，只有自己主动的学习才是终身学习的重要保障。但是很多学生总是在老师和长辈的督促下才能完成，脱离了教师就像无头苍蝇一样乱撞乱飞，对于老师的依赖已经到了很严重的地步。

当然对于小学生，我们的步子还不能迈得太大，不能单纯把自学的任务全都下放给学生。他们还需要一个过程，老师得把他们领进自学的大门。导学案是一种介入方式。我执教北师大版四年级上册第一单元"亿以内数的读写"时，曾做过以下设计。

（二）"亿以内数的读写"导学案

（1）你能在生活中、在报纸或者网络中找到一些大数吗？

（2）请你阅读课本P6后思考：

①回忆万以内的数是怎么读的？

②面对这些大数我们首先要怎么办？

③每个级数的数怎么读？万级和亿级的读法和个级有什么联系和区别？

④仔细观察课本中的数和56002300、1250009、10052006，你发现它们"0"的位置在哪儿了吗？读数时怎么办？有什么区别呢？

如果不对教材的这些内容做一些细化和引导，让小学生去自学是很困难的。特别是面对北师大版这样图文并茂的教材，知识点隐蔽、目标隐蔽、方法隐蔽，只有适当地引领、准确地点拨才能让学生不畏难、有思考，才能有效地自习，反之则是"看书预习"，并无到达学习的效果，更别提让学生有思维触动和思考了。

因此，导学案必须为学生的自学提供导向，为其自学能力的培养奠定基础。

三、导学即教材深化

学生对于北师大版教材的学习经常会一头雾水，很难找到入手点，也比较难把握。有时要读懂教材的"弦外之音"确实比较困难，而导学案或许会起到作用；深入浅出地解析教材，把这个年龄段学生比较难理解的内容细化，补充，甚至改造。这就是既不唯书，也唯书。

石岩公学余老师对教材的处理，值得学习。北师大版五年级下册中位数与众数一课，教材是用下表导入学习中位数的必要性的。

某超市工作人员月工资表

	经理	副经理	员工 A	员工 B	员工 C	员工 D	员工 E	员工 F	员工 G	员工 H	员工 I
月工资	3000	2000	900	800	750	650	600	600	600	600	500

这个表格中的数据有明显差距。这样多的数据让学生来理解用平均数来表示不确切，应该采用中位数，似乎难以达到预期效果。而余老师改造了教材问题实例，把数据很多的工资表改为两个同学五年上学期5个单元测试的平均成绩。见下表。

姓名	第一单元	第二单元	第三单元	第四单元	第五单元	平均分
刘××	95	86	89	88	87	89
叶××	97	96	99	94	39	85

在同学们只知道平均分为89，85时，当然都认为是刘××的成绩要优于叶××，但是当每个单元分数出现时，面对有明显差异的数据，他们就会产生怀疑，从而导入中位数。这样的改造让学生的理解有了质的突变，也更适合学生的思维。

导学案是教材的补充，也是教材的深化，要选择适合学生的内容，让其把它读厚又读薄。

四、导学即兴趣延伸

当前，学生学习数学的兴趣日益递减，有些人甚至厌恶数学。为何会出现这样的情况？或许是我们经常忽略了数学探究的美，忽略了数学史料对学习数学的作用，或许是教师把枯燥的数字和单一的运算当作教学的全部，数学成了无聊、枯燥的代名词，从而导致学生逐渐厌学。于是，我尝试把一些有趣的数学题目引入课堂。

（1）有趣的算术题。

求1元＝1分

解：1元＝100分

$$=10分 \times 10分$$
$$=0.1元 \times 0.1元$$
$$=0.01元$$
$$=1分$$

（2）《当家的一天》。

一天，小王的父母因出差离家，小王得自己当家。早晨，他和平常一样准时起床，先去洗脸刷牙。完毕之后，开始点火煮鸡蛋，接着坐在厨房，极不耐烦地等鸡蛋变熟。鸡蛋终于煮熟了，想起还要热牛奶，于是赶快打开微波炉热牛奶。最后坐下吃饭。吃完饭，一看表，才发现时间不早了，忙不迭地奔向学校……

如果你是小王，你会怎样做呢？

对于这样有趣的故事、有思考价值的题目，学生总是有太多的精力去研究，学习兴趣自然被调动起来。有趣的史料、故事、题目等，都是可兹利用的素材。只要稍做处理，就能激发学生的学习热情。

可见，导学案或许也应该抓住这点，让学生飞翔在生动、有趣的故事、史料的导学案中，兴趣不断延伸开去。

预习、自主学习、课堂学习、拓展升华都应是导学案设计的导向，只有做到这些，才能解放学生的思维，培养我们梦寐以求的能力；也只有这样，导学案才起到了"导"的作用，让学生成为有自己思想的完整个体，实现质的突破。

预习要"有的放矢"

课程改革十余年来，虽然一线教师们对于课前预习的评价莫衷一是、褒贬不一，但是我们都深知预习的重要性，因为预习既是一种科学的学习方法，也是一种良好的学习习惯，它能提高学生的自学能力和课堂的教学效率。当我们都在推崇这样的学习方式时，教学过程中我们却又遭遇了这样的困惑：简单的知识预习后学生总会不屑于参与教学过程，学生不专心听讲；而面对难度较大的知识学生则无法入手，课堂又变得异常死寂。那怎样才能利用课前预习的价值呢？这里笔者结合小学数学教学谈谈"有的放矢"的预习如何影响学生的学习效果和提高学生的学习能力。

一、巧问设疑，提高预习的针对性

陆九渊说过："为学患无疑，疑则有进。""疑"是学习的开始，能唤起学习的动机、激发学习的兴趣，学生们常思多问的习惯既能促进学生的思维发展，也能增加学习能力的培养。预习亦如此，疑惑能让预习更具针对性。问题是疑惑的引导者，只有让学生带着疑惑，产生问题进行预习，他们才能明晰自己需要怎么做，并有所事事。问题就像是课前预习的一盏方向灯，它给学生的指明了起航的方向。

如什么是周长一课，让学生看书预习收效甚微。于是我利用问题引导预习："'树叶'的周长给了你什么启示？生活中怎样描述物体的周长的呢？我们学过的一些平面图形，你知道它的周长是什么吗？你会测量图形的周长吗？"这些问题让学生在看书、收集资料时目标明确，对周长有了初步认识，从而在课堂讨论交流环节，能够自信地、积极地参与其中。巧妙的问题、适当的疑惑，让课前预习增色不少，也使课堂增效许多。因为明确的目的，提高了预习的针对性。

二、以趣促思，增加预习的实效性

趣则乐，乐则愿，愿则学。因此课前预习也别忘记趣，有趣的预习内容能使学生乐此不疲，当学生们带着自己的成果参与课堂，教学效果也就大大提高了。学生的学习过程中没有了趣，犹如是一锅汤中忘了放盐——汤没了盐也能喝，只是味道没有那么鲜美；学习中没了趣也一样能进行，只是效果未能达到理想状态。有了"趣"这味调味剂，学生们更愿意学，更喜欢学，激发了思考，提高了预习的实效性。

如"认识万以上的大数"一课，由于学生们比较缺乏生活经验，所以不甚理解这些大数。究竟多少是一万、十万、一百万、一千万，甚至一亿呢？他们脑海里没有概念。那么，如何帮助学生们体验与理解呢？

我给学生们布置了这样的预习：上网分别查阅广东省—深圳市—宝安区—我们所在的街道人口总数，然后再比较，它们大约是我校人员总数的几倍。一种新鲜的方式，让学生们兴趣盎然地调查与查询着，这不失为一种好的预习引导。通过这样的有趣调查，学生在对比中对大数有了初步的认知。

三、因材施教，注重预习的灵活性

有些教学内容通过预习反而起到副作用，因为学生自己预习时更注重对结论的识记，忽略了知识形成的探究过程，于是很多时候学生对于这个知识总是知其然而不知其所以然。因此预习也应该灵活运用，不能一概而论，因材施教才是好法子。

这样的案例以计算课最为典型。如果学生们已经预习了新课，在计算课课堂中我们常常看到一些学生认为自己已经会做了，觉得听课是多余的，于是就做小动作、讲话、发呆……但是恰恰此时他们错过了与老师、同学们一起探究计算的算理过程，计算教学最重要的一部分。也因为这个自以为是的简单，让他们没能真正地看到数学的本质，得不到更完善的思维发展，于是他们就仅仅停留在会做上；当问题变化了，他们有时变束手无策了。由此，预习也要因材而设，灵活处理，才能让学生的学习更完善。

随着学习任务的加重、学生学习能力的提高、教育方式的转变，必要的预习能提高学生的学习效率。但是课前预习并不都是一个模样，教师要注意其针对性、实效性和灵活性，只有适时、适材使用，课堂才更显魅力和精彩，才能体现课堂的原生态对话与探究。因此课前预习要有的放矢。

教学中的几组不等关系

课程改革十余年里，我们一线教师是摸着石头过河，从"穿着新理念的新鞋"走传统教学的老路中，不断明晰自己的实践过程的得失，反思自己的教学行为。值此《义务教育数学课程标准（2011年版）》的实施之时，把这些教学行为再作一次深刻的梳理，笔者觉得是必要且能引发师者自我的对照与修正的，更能为新就职者不再重蹈覆辙，重入旧境。

一、小组合作 ≠ 小组合座

新课程改革强调学生学习方式的转变，而小组合作学习是此次改革积极提倡的有效的学习方式之一。但在实施中我们遇到了这样的瓶颈：其一，热热闹闹的合作过程背后，更多的是放任与低效，这种停留在"合座"形式上的合作并没能让学生在小组间进行互补，而最后的得益者是善于表达的汇报者；其二，在一些大型教学观摩或者教学比赛中，比赛者为了突出自己对于理念的理解，无论什么样的课题，都让学生们以小组合作的形式围坐，教学便在为了合座而合作中开始了。我曾经参加了广东省赛课观摩，12节课中超过一半的课是让学生小组围坐而成，却很罕见学生在学习过程中有真正意义上的合作，其中小组中分工不清、探究任务不清……小组合作的思考很好，能通过相互间的合作促进小组内每位学生的发展，但它不能一蹴而就，而是长期训练和坚持而成；并且作为师者的我们，还得要反问自己：一问，为什么这个教学内容要采用小组合作？二问，小组合作时你的问题的设计是否合理？三问，小组合作时你对学生的分工是否合理？四问，小组合作能给学生带来什么？

二、自主探究≠盲目探究

自主探究是开启学生学会思考大门的钥匙，只有让学生在探究中，才能慢慢地培养独立思考的习惯。然而探究是需要任务驱使的，教师的作用是不可替代的。在课改初期，我们一味突出"课标"精神，忽略了教师的作用。我曾听过北师大版四年级下册"三角形三边关系"一课，老师给了长为3cm，4cm，5cm的三根小棒，拼接成三角形后探究比较三条边的关系：$3+4>5$，$3+5>4$，$4+5>3$，最后得到"三角形任意两边之和大于第三边"的结论。这个探究过程可能学生对这个结论的理解是很肤浅的，他们也没有真正地理解怎么样的三条边才能拼接成三角形这个问题，如果用问题引导学生探究，那是否更能体现其价值呢？给学生两根小棒（一长一短）然后提问："如果把其中一根折成两段，那怎样折才能拼接成三角形呢？"这时学生的探究是有任务驱使的，不是盲目的，但却是自主的。这时不难发现如果把短的折成两段，那无论如何都是没办法把这三根小棒拼接成三角形的，然而把长的小棒折成两段也是很有学问的。这个的变成，这样的设计则让探究不再盲目。

三、课堂热闹≠学习高效

热闹，是课改初期我们对课堂的最大感受。但是看似有趣、热闹的课堂却没能收获高效的学习效果。学生的倾听习惯、思考品质、解题能力、计算基础都在不同层次的下降。那是为何呢？我觉得我们在设计情境是太注重"趣味性"，而忽略"数学味"；在教学方法的选择上侧重群体合作，而忽略了独立思考；在评价方式上更多的是鼓励，而缺少了批判性精神的植入。过度的开放，师生的地位是平等了，课堂是热闹了，但是学生们对于数学本质的知识又掌握多少呢？这是值得怀疑的。因为最好的数学课堂应该不仅是表面上的热闹，还应该是学生头脑里的"动荡"，只有学生的脑子动起来了，真正的思考了，这才是真正高效的数学课堂，这才是真正地让学生学会了学习，学会了迁移，学会了自主的思考，这样的数学课堂才能让学生走得越来越远，而学生也将会是具有独立个性、批评精神和会终身学习的个体。看来"兴趣"不是最为关键的，更关键的在于学生是否真的在思考。

三、适当讲解≠机械灌输

当前，对于教学过程的度很难把握，讲得太多了会被定义为老师没有体现学生的主体地位，此曰：填鸭式教学。由此，洋思中学和杜郎口中学的教学模式脱颖而出，掀起新课程改革的浪潮。许多学校、老师曾迷失其中，挖掘心思设计导学案、想方设法还予学生的课堂主体地位。但在小学数学教学中，采用固定的教学模式或许并不是理智的，因为数学课程具有一定的灵活性和创造性，并且小学生自学能力和探究能力都还不完善，如果单纯让其发现与总结还是不能让学生学得到技能，或许有些时候收获的可能是"伪"技能，常常只是知其然不知其所以然。

因此有些时候老师的讲解也是必要的，老师的作用是带领他们去发现、探究，在必要的时候伸出援助之手，这样可能让学生的学习变得更有针对性，毕竟老师对教材和学生需求的把握还是比学生要更到位的，那课堂中更应该是教师和学生双主体的教学，讲解不意味着就是灌输，讲解有些时候也是为了更好的探究而铺垫。

课程是为了更适合现阶段的学生的学习而变革，我们不应片面的理解词句，更不应只知其表不知其神。数学的课程改革，更多的是为了培养学生的"思维"，因此数学教学的本质——"数学味"要更浓一些，在关注学生的学习兴趣的同时，也要注重学生思维的训练。我们更要搞清楚教学的内涵，不拘泥于形式，理解数学课堂的真谛。

小学数学试卷命题中不可忽略的几个细节

试卷命题在很多人眼中可能觉得是很简单的事情，到处找一些题目拼凑一下，把教辅中比较经典的题目修改一下，就可以成一份试题。试问这样的试卷能客观反映出学生对课程的理解程度吗？在实施素质教育的前提下，在践行新课程的背景下，试卷命题不仅要评价学生的学业成绩，更要评价学生的"双基"落实情况。因此，教师在命题时要关注以下几点。

一、关注大纲和标准的变化

课程改革后，我们看到了有部分内容是下放到了低年级，但是我们的试题中依然还是存在考查高年级学生的所谓经典题目，命题者考虑到了知识的重要性，可是忽略了学生的学习能力和课程标准的理解。因此命题者不仅要关注大纲和标准的变化，更要熟悉学生的学习能力、老师教学状态的把握程度以及知识本身对学生的影响。不能还用旧的考查标准来衡量学生，更不能不用发展的眼光去分析问题、走老路、按部就班。

二、关注试题开放性

素质教育强调教育的开放，当然开放不等于放纵，适当的开放能培养学生的应变能力和思维。开放性的数学问题，还可为学生提供更多的思考和探索的空间，有了自主创新的机会，对培养学生的创新意识，有着不可忽视的作用。一些比较开放的、有利于学生自主创新的题目，逐渐出现在学生数学命题中，这样培养出来的学生才更能符合新时期的要求。

三、关注试题的激励性和基础性

学生的认知水平有差异，因此命题过程中既要达到"双基"要求，也要让大部分学生能感受学习数学的乐趣，享受成功的喜悦。基础知识和基本技能依然是基础的主要组成部分，只有突出基础性，全面考查"双基"，才能巩固教学内容。激励是让学生们进步的有效手段，而在目前很多学生还是很关注老师的评价，而考试是老师评价的其中一种手段，如果能很好地运用，也能促进学生的学习。

四、关注试题和答案的多样化

试题只局限于简单的数学题的形式是不够的，呈现方式要灵活多样，改变以往单一的格式，借助实物照片、表格、图像、文字资料等多种形式，以满足多样化的学习需求。答案更要尊重学生的多样化，要学会挖掘学生这样做的想法，或许这样你也能真正的读懂学生。例如吴正宪老师命过这样的题：

妈妈上午10：00将车停放在地下车库，下午2：00离开，地下停车每小时5元，妈妈要交（　　　）元。

很多二年级学生给出了正确答案，从中可以看出学生解决问题的思路是多么的可贵和让人惊讶。所以多关注学生，也就多让学生获得成功。

五、试题要求表达的人文化

考试应该不仅是考查学生的工具，还应该是激励和鼓舞学生立志的手段。我们不妨将命题变得富有情感些。比如低年级学生的试题，命题的要求是否可以童稚些，符合学生的个性特征呢？在严肃呆板的卷面上增添一些激励语言、温馨的提示等，是否能让学生在检测的过程中体验更好些呢？让我们的教育更"人文"些、更人性化些，这样也让学生紧张的学习生活得到缓解。